LOCUS

LOCUS

LOCUS

LOCUS

Smile, please

smile 35

9+6

(The Biology of Success)

作者：洛博．亞爾諾 (Robert Arnot)
譯者：陳婷
責任編輯：陳郁馨
美術編輯：何萍萍
法律顧問：全理法律事務所董安丹律師
出版者：大塊文化出版股份有限公司
台北市105南京東路四段25號11樓
讀者服務專線：080-006689
TEL：(02) 87123898　FAX：(02) 87123897
郵撥帳號：18955675　戶名：大塊文化出版股份有限公司
e-mail:locus@locuspublishing.com
本書版權經由博達版權代理有限公司取得

總經銷：北城圖書有限公司　地址：台北縣三重市大智路139號
TEL：(02) 29818089 (代表號)　FAX：(02) 29883028　29813049
電腦排版：天意電腦排版印刷事業股份有限公司
製版：源耕印刷事業有限公司
初版一刷：2001年 1 月

定價：新台幣280 元
Printed in Taiwan

9+6

The Biology of Success

Robert Arnot⊙著　陳婷⊙譯

目錄

第❷篇 6種心理

第❸篇 工作手冊

引言

在人生戰場上勝利的人，都展現出不懈的、旺盛的正面精神能量（mental energy）。不論是在醫學、科技、政府機關、教育界、商界或音樂界、藝術領域、體育界，贏家們都擁有某種精神能量，讓他們能夠出類拔萃，在競爭激烈的世界中得到成功。我們至少都知道一個像這一類的贏家，而在報章雜誌上得知更多像這樣似乎天生就有成功特質的人；他們總有無比熱誠，都過著精彩輝煌的人生。

我們這些掙扎過日的人，不免心生羨慕，覺得他們似乎總有無窮的熱情，也似乎都比我們成就了更多。「一定是他們運氣好或天生資質使然。」我們這麼想，卻又暗自希望自己也能有同樣的天分與運道。我們用智力測驗和其他測驗來印證自己的猜測，認爲成功一定是命中註定。

「成功」在很多人耳中聽來是個恐怖字眼，感覺上它不屬於自己；因爲許多人把「名利雙收」跟「成功」混爲一談。世界級運動心理學家羅赫（Jim Loehr）博士，致力於培養冠軍級的運動員，他爲「成功」做了這樣的解釋：「成功，來自於內心有某種需求或不滿足，推動著你訂定高目標，並以某種活動來滿足該需求。」有些人以助人來滿足，有些人則是像電影《鐵達尼號》的導演那樣成爲了「世界之王」，當然也有人就是想賺到堆積如山的錢財。

那麼，什麼是成功？我問了數百位專業人士、同事和朋友，請他們爲成功下定義。大部分的人都表示，金錢、職稱和地位不是唯一的答案。我朋友郭根

（Rick Grogan）是一位世界級的划船手，也是成功的創業家，他認爲，每年能教育一百名兒童並對他們造成影響，這就是成功。我母親與妻子說，撫育出有道德觀、負責任的好孩子就是成功。對於「拯救兒童」（Save the Children）協會的會長莫柯麥（Charles McCormack）來說，成功是指：以教育、醫療、預防免疫接種等方式來實際改善全球兒童的生活，並提供大人工作機會以保障兒童的未來。對於聯合國高級事務高級專員緒交定子（Sadako Ogato）來講，「成功」是指做到了日日保護全球兩千八百萬難民的性命。對通用電器公司（General Electric）的總裁韋爾奇（Jack Welch）來說，成功，是創造出一個絕佳的工作環境和史上最高的股價。

但是，衆多的歷史故事與坊間傳記也都記載，許多成功人士往昔在求學時成績低落、學科不及格，甚或不符合一般觀點中認爲的能成功的要素。這又是怎麼回事？這是因爲，成功靠的不是別的，就是正面的精神能量和正向的思考。雷帝克夫大學（Radcliffe College）榮譽退休校長琳達·威爾森（Linda S. Wilson）說：「正向思考有著不可思議的效果，它能激發出創造力。」這是個好消息：你也能爲自己製造出和那些贏家一樣的高昂情緒、精神能量和正向的思考模式。你也能成功。

問題是，你嘗試過多少次卻都做不到？有多少次你一早起床後就立意振奮，甚至哼唱起軍歌——可是，早上下午晚上這樣下來，你的精力開始疲乏，決心逐漸減弱。你買了行事曆，填滿密密麻麻的預定事項和遠大目標，但就是找不到那股幹勁兒去執行。你讀了一大堆的勵志書，但那些書不是說得太模糊就是太抽象。

究竟缺少了什麼？

很簡單，成就大事需要精神能量，而你缺少了關於「創造」和「管理」這種精神能量的知識。這正是本書要傳授給你的方法。

成功者的地圖

請把本書所提出的做法想成是要點燃你內在的能量之火。生火時，不能指望光憑幾塊柴薪和火種就生出一盆熊熊大火；生火總是得用紙張，先燃起小一些、軟一些的木頭。在製造內在的火焰時也一樣，要從基礎開始；而這個基礎，就是正向的精神能量。本書將會幫助你創造一團不滅的熊熊大火，能讓你即使在最不如意的逆境中也能發揮所長。

本書第一篇介紹的是如何製造精神能量——你也可以說是在製造「精神資本」，這是一種你每一天都想加以保存並設法增加的資本。第一篇提出了有效的製造精神能量的方法，分成策略及戰術兩類用途。所謂戰略是指，每天運用這些方法，將能提高你長期的整體精神能量。至於戰術，是指你可以在某個特定的日子運用這些方法，讓它提高你那一天的精神能量。我過去十五年來從事增進健康和體適能的新聞報導工作，得以接觸到眞正有效的方法。讀者會在本書中看到我這些年來經由研究與實驗所發現的最佳方法。

讀第一篇的時候，你會發現自己自然而然就把書裡的建議運用在生活中。讀到書的末尾時，我希望你已經能感覺到自己比以前感覺更好。

本書第二篇要教你如何建立正向思考的模式。藉由建立新的思考模式，你可以徹底改變自己腦子運作的方式，讓你達成更富挑戰性、更具企圖心的目標。

九〇年代被稱爲「屬於腦力的十年」;二十世紀末最驚人的幾項科學進展，就是有關大腦的研究。研究人員刻正著手發展一種能測量心情、情緒和思想在大腦內運作方式的工具，所以我們將能更進一步研究操控的方法。科學家對於焦慮的基因及追求刺激的基因已經得到推測性的辨認，目前已能對活的人腦進行掃描。PET（活腦斷層掃描）是一種精密的儀器，能顯示出大腦特定區域的活動程度，並會如同彩虹一般顯示出從深藍到亮白的各種顏色;大腦的中心部位活動得愈是活躍，掃描器上顯示出的顏色就愈光亮。威斯康辛大學麥迪遜校區心理學暨精神病學系教授大衛森（Richard Davidson）博士發現，大腦左前方皮質與正向思考和情緒相關連。大腦左前方皮質活動較多的人比較快樂，比較積極，而且能關閉負面情緒。相反的，右前腦皮層活動多的病患則較容易出現負面情緒、心情低落，以及精神病學中所稱的「逃避現實」。通常他們會呈現出負面情意、恐懼、厭煩，並有可能容易罹患某些恐慌症。

只要能引導腦中的某些部位發揮最大潛能，你就可以成功，而且是傲人的成功。本書第二篇要介紹很吸引人的創新技術，某些章節附有自我測試，能讓你依據你自己的個性與優點來學習成功之道。讀到第二篇末尾，你將能更了解自己，而且能把你的精力引向能使你獲得最大成功的方向。

達文西當年在幻想飛行時，他畫出的是一個男子架著最原始的翅膀飛行器。試看千年來人類對於飛行所做的各種預言，任其如何荒誕不經，也無法預見飛行在二十世紀的大幅進展，預測不到巨無霸飛機、超音波、太空梭的出現，或是這些飛行器帶給全球經濟、人們旅行、貨物運輸的重大影響。

我朋友赫斯特（Austin Hearst）的座右銘是:「準備妥當的人，上帝會來敲門。」成功的人總是能在最適當的時間和地點，帶著最適當的態度與最充分的準備。本書藉由提供你所需要的精神能量和致勝的態度，將能幫助你具備這些要件。你不但能夠成功，而且，你應該成功。你欠自己、欠家人、欠朋友一份成功。

第一篇

9種能量

精神能量是成功的基礎。

不論是狄士尼公司的總裁艾斯納（Michael Eisner）、居家生活大師瑪莎・史都華（Martha Stewart）等大企業家，或是世界級的領袖南非總統曼德拉、英國的布萊爾首相和柴契爾夫人，這些人的共通點是他們都具備了高昂的精神能量。精神能量是大腦的力量來源——你的精力愈充沛，就能工作得更久、更認眞。比較一下，你早上起床後雙眼血絲，跟前一夜有充沛睡眠，哪一種情況下的工作效率高。造成兩者差別的是：大腦能量。

傳統看法認爲：成功天註定。

本書認爲：成功由精神能量而來。

情意，動人的情意

一個成功的人最讓別人印象深刻的，不是他大腦的眞正能力，而是他們的情意感染力。「情意」（Affect）是醫學上所採用的比較精確的用詞，指的也就是「心情」。多數成功的人在通常的時候都擁有高昂的、正向的情意，這並不是說他們不會煩惱、生氣或沮喪，而是他們的情意大多時候是正面的。

一九八五年，華生（David Watson）和塔根（Auke Tellgen）發表了一篇論文，《心情同感結構探索》（*Toward a Consensual Structure of Mood*），文中提

出了具里程碑意義的看法，認爲大部分的情緒變化都可以用以下兩個變項來解釋：正向情意與負向情意。與正向情意相關的情緒，包括熱忱、活動、元氣、興高采烈；與之相反的則是感覺遲鈍、缺乏活力及愛睏。與負向情意相關的情緒有：緊張、恐懼、苦惱、輕蔑、敵意；相反的感覺則是平和與放鬆。正向情意包括了與精力有關的感覺，負向情意則與緊繃狀態相連。

高度正向的情意，有如一個啓動思考的推動器。伊利諾大學博士迪納（Ed Diener）表示，正向情意「推動了人類的社交性、開拓力與創造力」。工作時，如果有正面的心情，你就更有生產力，也比較願意付出。簡言之，心情的好或壞，決定了你的思考模式。「負面情緒帶來哀傷、易怒、罪惡感，以及負面的、自我批評的、悲觀的思考模式。」迪納博士說。

了解正向情意和負向情意，對於目標的設定來說，有著決定性的影響。如果目標的達成需要大量精力，而你卻是在精力不濟的情況下思考該目標，那麼很可能你就會感到洩氣，覺得自己無法完成這目標，於是訂出了較次級的目標。加州州立大學長灘分校心理系教授泰耶（Robert E. Thayer）博士，在其傑作《每日情緒的起源》（*The Origin of Everyday Moods*）中寫道：「你現有的能量程度，正以不良的方式，影響到你對於自己有無足夠精力和專注程度去完成任務的判斷。」換言之，你的感覺，直接影響了你的思考過程。我們在爲自己訂定標準時，這個標準看似客觀，但它的設定完全是主觀的、個人的。

想要成功，你必須在心情好、精力高昂的時候才設定目標。不過，要注意一點：如果你是在平常少有的興奮狀態下（譬如你剛剛中了彩券）設定目標，那麼你就有可能達不到那些目標，因爲你日後無法再找到那樣高昂的能量和興奮的心情。假如你運用本書所提出的道理，你會先專注於提升自己的整體能量和情意，然後再設定目標……之後，繼續維持那樣的能量來實現你的目標。

心情調節器

大腦中的情意，程度有高有低。運氣好的人，天生就有高水平的情意，一輩子過得幸福快樂。但有些人沒有如此福份，低水平的情意爲他們帶來長年的情緒低落與晦暗思想。本書也會從快樂、開心談到哀傷、生氣和敵意等各式各樣情緒，但目的在於形成正面的思考，因此我們只區分出正面或負面的情意。好消息是，你「能」爲自己製造更多的精神能量，就像是調高暖氣爐的溫度一樣，只不過你調高的是腦中的能量指數。

這個「心情調節器」位於大腦深處的扁桃體組織中。利用大腦掃描技術，科學家看到扁桃體活動的三度空間彩色圖像；它的活動與心情成反比：扁桃體的活動力愈低，心情愈好。

不過，我要提出一個「板発效應」請讀者留意。在今日的美國，社會的普遍情緒是焦慮的，甚至是輕度的沮喪。這樣的確是有保護的效果，因爲一旦有壞事發生，人們情緒轉壞的程度不至於比平常情況降低太多。隨著你的精神能量與心情的上揚，你發現自己好像站在一個不穩的板発上。你在感覺棒極了的同時，也害怕會有壞事發生，使得你從高昂的情緒往下跌。你甚至可能又驚又恐往下看，想知道會往下掉多低。若要建立起對這種板発效應的抵抗力，你必須給自己注射一劑「樂觀預防針」，這會在本書第二篇當中討論。眞正的大贏家經常會受到打擊，但是他們基本上相信自己會贏；當一時的逆境陷他們於哀傷絕望時，他們會立即把自己拉出來，重新找回他們的正向情意與精神能量。

情緒低落的人，不是在一般醫院診所就能找到大腦掃描來診斷。然而，一份設計精良的自我測試卻能幫忙判斷。以下的自我測試能幫你測出來，你的心情調節器是定在「從哀傷到快樂」的哪個位置。做完測試後，請仔細閱讀後面的「診斷篇」。

自我測試

本測試法爲 PRIME-MD®（註冊商標），由紐約州立心理治療學院生物統計學研究總負責人史畢澤（Robert L. Spitzer）博士設計而成，受測者不需醫師協助即能自行完成本測驗。感謝史博士慷慨應允我在本書中使用他的設計。

問題：最近這兩星期以來，你有沒有受到下列描述的困擾？頻率如何？

請選擇以下一種程度：

A. 完全沒有
B. 有，好幾天
C. 有，超過一半的時間
D. 有，幾乎每天

1. 做事情很難覺得有興趣，或很難從中得到樂趣？
2. 感覺心情低落、沮喪，或覺得沒希望？
3. 睡不著、睡眠不安穩，或者睡太多？

4.感覺疲倦，或者沒精神？

5.食慾不佳，或者吃太多？

6.對於自己的感覺很糟——感覺自己沒用，或是讓自己和家人失望？

7.沒辦法專心做一件事，譬如專心看電視或報紙？

8.動作或說話慢，引不起別人注意？或是相反，急躁慌張的程度比平常更甚？

9.最近兩星期以來，你曾經出現過「死了比較好」的念頭，或是想傷害自己？

如果你不確定，請在從現在算起的兩個星期裡面，記錄下你受上述情況困擾的頻率多高。

診斷

·如果你對問題9回答「有」的話，你應該立刻尋求專業心理醫師的協助。心理醫師能更徹底檢查出你是否眞的具有自殺或傷害人的傾向。

·如果你對問題1或2的回答是「幾乎每天」，而從問題2到8回答「幾乎每天」的題目超過五題，那麼，你可能患有相當程度的憂鬱症（depression）。如果你因爲發現自己患有憂鬱症狀而覺得嚇一跳，請記得美國醫學協會的報導說，大多數患有憂鬱症的人，不是未經診斷就是錯誤診斷。事實上，美國有五分之一的人口患有憂鬱症，而且這個數字還可能上升。令人難過的是，沮喪了二十年以上的人當中，有一半的人從未服用任何抗憂鬱藥劑。你需要尋求專業協助，並與醫師討論諮商治療與藥物治療的好處。

・如果你只對兩個以上的問題回答「好幾天」，那麼，你是處在低情意的階段。在你目前狀況下，若不重新調整心情，你就很難能用正面角度來思考事情。哈佛醫學院臨床心理治療助理教授瑞提(John J. Ratey)博士，提出一個名詞「擬似憂鬱症」(Shadow depression)來解釋這種情況：你尚不完全符合臨床診斷的憂鬱症，但可能很難應付生活中的挑戰，並因社交、學業及工作上的失敗而責怪自己。設計本測驗的史畢澤博士進一步加以說明：憂鬱症的發生與膽固醇指數升高或高血壓十分類似，升高的指數不高，並不代表就不需要治療。

・如果你沒有憂鬱症，但是心情低落，也許還是該與醫師討論要不要服藥或進行諮商。

不論你的測試結果如何，本書第一篇所提出的方法都有助於提高你的心情。如果你並沒有罹患醫學定義下的憂鬱症，那麼，在不服藥或不看心理醫師的情況下，你應可以做到把你的心情調節器調整到更高、更正面的水平。在本書的第一篇，你會學習到如何用空間、音樂、食物、運動、儀式等等活動來提高你的正向精神能量。

1

生物時鐘

你星期一上班時，會不會感覺自己好像是搭了十幾個小時的飛機到辦公室，而事實上你只是坐了二十分鐘的火車……你的精神不振、注意力停滯、完全提不起勁兒？告訴你，你這是出現了「時差」！只不過你這個時差跟交通工具無關，而是因爲你腦中的生物時鐘管理不善。生物時鐘的作用之一，是擔任你精神能量的節律器（pacemaker）。每一個人的節律器都有管理不善的時候，所造成的結果即是生產力與創造力的損失。節律器的管理錯誤，也造成了車禍、空難，或者像是三浬島與車諾堡的核漏悲劇。

傳統看法認爲：我很強。我可以戰勝精神上的疲勞。

本書認爲：適當管理你腦中的節律器，就能創造出無以計量的精神能量。

生理基礎

生物時鐘的作用

精神警覺能力的主要來源位於大腦深處，這個節律器總管叫做「內在晝夜節律控制」(endogenous circadian pacemaker)，或稱ＥＣＰ。其中的“circadian”

這個字，指的是人體每二十四小時更替的生理節奏，它的拉丁字源是"*circa*"（即"about"之意）、"*dies*"（即day）。ECP是睡眠、警覺程度和精神狀況的中央控制中心，比較普通的說法就是「生物時鐘」。

爲什麼人體內有個時鐘呢？人體本來就是被設計成白天時清醒、夜晚時睡眠，而原因要追溯到史前時代。人類和其他掠奪性動物不同，我們的夜間視覺、聽覺和嗅覺都很弱，所以在原始森林的夜晚顯得特別容易受傷害。我們內在的生物時鐘便鼓勵我們在夜間停止活動，留在安全處，關閉一切運作系統，這時也就是在睡覺。雖然我們今日的需求與史前人類非常不同，我們的生物時鐘卻還留著遠古求生之道的印記。在最近一萬年的演化過程中，人類這個生理節奏全然沒有改變。在早上，你應該會發現自己很機敏，做事有活力。在晚間的某個時段，以及下午的後半段（較不明顯），你可能會發現，你雙手的靈巧度、反應所需的時間、心算和認知理解力，在這些時段都表現得頗不理想。

就像你床頭的鬧鐘負責叫你起床一樣，你的生物時鐘也負責提醒你一天中在幾點該吃飯或該睡覺。我們的身體展現出幾千種不同的節奏，不過我們只知道其中幾種而已。在幾乎所有的生理功能上都可見到自然節奏，包括睡眠、清醒、體溫、心跳速度、血壓，以及荷爾蒙與消化腺素的製造。而你可能不知道，你的心情也由這生物時鐘在控管著。大腦能量和其他自然節奏沒有兩樣，也是在一天的前三分之一時段達到「精神的黃金時段」，這時約莫是中午或中午一點；然後慢慢下降，晚上剛開始時爬到次高峰，接著再下降到上床睡覺時間，然後在睡眠時快速下降，一直降到最低點（約是清晨四點）。能量在早晨剛醒來時頗低，不過最低點是在睡覺前。

匹茲堡大學的孟克（Timothy Monk）博士表示，生物時鐘引導、統合著我們的體溫、荷爾蒙、血壓和心跳，有如管絃樂團的指揮帶領著團中的各種樂器。如果一切運作正常，你就有一個指揮，帶領著一種節拍，而整個樂團和諧地一起演奏。不過，假設你搭飛機跨過不同時區，那麼原先的指揮就消失了，由第二個指揮接替，帶起了不同的節奏。樂團中有些樂器能立即隨著改變；但有些則需要久一點的時間，結果就是你失去了生物時鐘裡的時間和諧，這叫做「內在不同步」，可以解釋人在出現時差的時候爲何身體會覺得不舒服。我們的生理節奏必須像維護頂級的一級方程式賽車那樣在照顧。當一部賽車不同步了，它就會出現燃料分配不當、汽缸的熱度不平均、輪胎校正不均、胎壓不夠、方向盤歪斜等現象。這部車當然還是能跑，但它絕贏不了比賽。

光線與荷爾蒙的影響

生物時鐘的概念聽來像是複雜的神經生物學，不過它有一個主要的概念：光線。光線會協調並啓動我們的生物時鐘。方法是這樣的：視網膜內的光線接收器經由神經通道連接到生物時鐘。這些視網膜內的接收器把一天的時刻與長短訊息送給生物時鐘，然後生物時鐘再送出特定的指令給身體。

生物時鐘的中心爲兩種荷爾蒙：褪黑激素（melatonin）與可體松（cortisol）。最簡單的解釋就是，褪黑激素讓我們睡覺，而可體松叫我們起床。

晚間，松果體釋放出褪黑激素，指示我們的丘腦下部讓我們想睡覺。褪黑激素釋放得愈快或愈多，你就會愈快入睡。年紀輕的人比較快、也比較容易睡著，原因是他們釋出的褪黑激素比較多。在白天，褪黑激素基本上維持在最低量，然後在上床時間釋出，半夜時達到最高點。假設你晚上十點上床，早上六點起床，那麼大約在半夜一點半或兩點時，褪黑激素的釋放會達到最高點，然後逐漸減少。到了早上六點你起床時，褪黑激素便降到最微量。不論是什麼原因刺激褪黑激素釋出，都會讓人想睡覺。規律的睡眠習慣對於生理節奏是非常重要的，因爲褪黑激素的釋出模式不容易改變；時差之所以會造成不舒服，就是因爲褪黑激素正在改變它釋出的時間。

相反的，可體松會讓人清醒，它是一種壓力荷爾蒙。可體松在半夜一點鐘到兩點鐘時開始作用，爲了稍待一會兒的甦醒而做準備。它對於叫醒身體是有著推動作用的。可體松在早晨九到十一點時達到頂峰，然後隨著一天過去而逐漸減弱。

還有很多其他的荷爾蒙與你的生物時鐘有關。譬如甲狀腺激素的釋出是白天比晚上高。這是很重要的一點，因爲甲狀腺激素增進新陳代謝、心情和活動力。事實上，一個憂鬱症患者即使甲狀腺功能運作正常，但若在抗憂鬱的藥療中加入甲狀腺激素，可以顯著增進藥效。

任何一種荷爾蒙的釋出時間出了差錯，都能毀掉你的一天——試想，萬一是十幾種荷爾蒙同時出錯了，那會如何？這會造成原本自然的睡／醒模式發生混亂，造成身體節奏不同步和睡眠品質下降。這些因素總合起來，會導致警覺度降低，嚴重影響判斷力和決策能力，並且破壞我們整體的效率與表現。結果呢？簡單兩個字：很慘。若想確保自己日常的表現水準，並避免出現毀天滅地的錯誤，你必須讓自己適應自己的生理節奏，並利用對個人生物時鐘的了解，有效地管理你的警醒程度與疲勞狀態。

警醒度的九個開關

你的生物時鐘會開啓或關閉你的警醒度，而你自己也有能力加強這個警醒度，辦法就是學習本書中所討論的食物、光線、運動、音樂，以及其他提高大腦能量的方法。這些方法是藉由影響某一個或多個警醒的開關來達到效果。警醒度開關一共有九個——提出這說法的人是艾德（Martin Moore Ede）博士，他創辦了生理節律科技股份有限公司（Circadian Technologies, Inc., www.circadian.com），現爲公司總經理。該公司爲一研究顧問機構，專門幫助企業及其員工在今日二十四小時不打烊的社會中安全且有效率的工作與生活。

一、**興趣、機會與危機感**。沒什麼比燃眉的危險更能把你從昏睡狀態中拉出來。我並不是在鼓吹你去追逐危險的事物，而是建議你去追求能啓動警覺力開關的刺激。令人振奮的工作能把你的警覺狀態拉高。我問過高齡九十、人稱「德州龍捲風」的知名心臟手術專家狄貝基（Michael DeBakey）醫生，他是如何能維持每天十九小時的工作量，他說：「只要你對自己所作的事有興趣……興趣夠高，自然就會有精力。它變成推動自我的因素。」貝利（F. Lee Bailey）律師也同意這個說法，他說：「刺激的活動，譬如激烈的交叉質詢，本身所具有的激勵成份，提供了某種燃料（肯定是腎上腺素），這燃料提供了體力與腦力的能量。」

二、**環境光線**。光線會調節人的節律器或生物時鐘的時間設定。光線的種類與品質，會對感覺造成大大的不同。明亮的光線比較能提高警覺度，而幽暗光線則令人想睡覺。你也許聽說過，光線療法對於冬日憂鬱症（Seasonal Affective Disorder, SAD，又名季節改變影響失調）有正面的療效；而人人其實都可以用光線療法來調節自己的節律器。關於這一點，下一章會更深入介紹。

三、**睡眠的收支平衡**。幾天下來，你清醒的時間有多久和你睡眠時間的多寡，對於你的警覺程度有很大的影響。假如你連續幾天沒睡飽，你就已經累積了「睡眠債」，因而造成警覺力降低。充足的睡眠就像是儲蓄，能減低你的睡眠債。睡眠對情緒有好處，缺乏睡眠則對情緒有害。每天早上是不是都能踏出正確的一步，關鍵就在於有沒有充足的睡眠。聽來簡單，但真的會造成很大的差別。美國有將近一億人口苦於睡眠問題，他們的工作表現也因而受損。在第一篇末尾的「Q&A」這章裡，有一整套增進睡眠品質的不錯建議。

四、**肌肉活動**。步行與肢體伸展能啓動交感神經系統，而它是幫你保持警覺的系統。懶洋洋坐在舒服的椅子裡是很難保持清醒的。有些經理級人士以站立桌前來保持警覺性。在第六章將會介紹多項有益的活動。

五、**營養物與化學物質的攝取**。某些食物與物質，譬如蛋白質與咖啡因，能暫時增加警覺度；而香蕉、熱牛奶和安眠藥則會令人想睡。第四章將介紹能讓你有最佳表現的食物，以及應該少吃的食物。

六、**溫度**。乾爽的空氣——尤其是迎面而來時——能讓人感覺清醒；反之，熱氣與溼氣則令人昏昏欲睡。第二章會講述如何控制溫度。

七、聲音。好音樂能提高警覺度與生產力，而旁人的談話聲或喇叭聲則會引人心煩或分心。海岸邊的一波波海浪聲，與機器的「白色噪音」(white noise)會讓人產生睡意。第四章會提供方法幫助你控制環境中的聲音。

八、味道。研究發現，若干香味，譬如薄荷，能讓人更清醒。而像薰衣草等香味則有放鬆與鎮靜的效果。第二章會進一步介紹氣味的力量。

九、生理時鐘上的時間。心情的好壞與警覺的程度，大大受到你生物時鐘上面的眞正時間所影響。你一天過下來，生理節奏來到清醒程度最弱的時候，這時也就是你心情最低落的時刻。這就是爲什麼你夜半時分醒來若心中有憂煩，總感覺人生特別灰暗。不過我們必須了解，即使是一個超級樂觀的人也不可能在百分之百的時間裡都是生氣勃勃的。在每一天二十四小時的週期裡，有其自然的高低起伏。也有更長的週期：例如每星期、每個月，甚至是季節性的週期。能否了解這些自然的週期模式，乃是達到成功的關鍵，因爲這樣你就能知道自己什麼時候最有工作效率，什麼時候該放鬆，稍作休息。很多人總想要讓自己一整天都保持高昂的精神狀態，因而忽視了心情的自然起伏。若知道了晨間的心情低落或沮喪是正常現象，你會覺得安心；不過，你不該讓早晨的低落情緒宰治你的一天，而要提醒自己：再過半個小時，你的心情就會好很多。如果你覺得自己應該要一起床就鬥志高昂，那麼你就會以爲自己是不是哪裡出了錯，反而壞了這一整天的情緒。

這九個開關是一起作用的。一個在戶外工作的人，置身於經常更動的聲響與景物中，周圍的溫度和氣味也不斷變化，這樣的人雖說比較容易分心，但警覺程度會高於一個坐在辦公室的人——座位隔開、環境不變、溫度恆常、面對著同樣四面牆和電腦發出的低鳴。如果關掉了太多個警覺度開關，會導致微型睡眠（microsleep）與自動反應。所謂微型睡眠是指短暫的、並不是故意的注意力喪失，出現發呆、頭不自覺下沈、眼睛閉上時間過久等等現象，通常發生在你已經累了卻還要保持清醒的時候，從事的往往是開車或盯著電腦螢幕看等等的單調工作。微型睡眠最容易發生在天快亮及中午時刻，這時是節律器的警覺度最低的時候。

對策

記錄心情

注意你自己每天的心情與能量起伏。記下兩個星期裡面你每天在各個時段的感覺。分「心情」與「能量」兩欄記錄，並在不同的時段觀察自己，看看有沒有出現固定的心情與行爲的模式。特別要注意能量的高潮與低潮。試著找出你每天的行爲與感覺有何異同，你將會發現，不一樣的活動造成很不一樣的效果，而同樣的活動如果在不同的時間進行，效果也不一樣。譬如午餐吃碳水化合物（醣類）會讓下午昏昏沈沈想睡覺，而在近傍晚時吃含糖食物，卻能有減輕緊繃壓力的效果。又譬如早晨運動能幫助早上出現能量高峰，但可能讓你在接下來的一天更疲累；而在傍晚——心情指數的最低點——運動，則能提高你的心情。

把精神聚焦

如果你空有充沛的精神能量，卻不能像雷射光一樣對準焦點來加以運用，而是把力量花來焦慮或緊張，或是太多耗費精力卻不重要的工作上頭，那麼有再多的能量也無啥意思。在每一種以表現爲主的工作當中，精神能量和動機愈強，表現出來的工作成效也就愈好。

心理學家泰耶博士解釋道，從實際的觀點來看，我們理想上要求有好表現，這是一種精力充沛的平靜狀態，這時的精神能量高昂，但把緊張、焦慮和急躁控制得很好。當緊張焦慮程度開始上升，工作表現也就急劇變糟。你必須把緊張和焦慮壓得夠低，能量維持得夠高，才能眞正像雷射光那樣聚焦。第九章會教你如何避開最會殺掉精神能量和警醒度的殺手，以保持專注。

2

空間

想像一下，我們進入了數一數二的成功總裁的私人密室。你看到紅木牆面貼皮、美麗的畫作和悄然的氣息，燈光的氣氛靜謐，空氣中甚至有一種成功的味道。我們跟著這位總裁踏上他公司的專用飛機：一架閃閃發光、造價三千七百萬美元的波音商務型噴射客機。置身於價值三百萬的機艙內部，只見美麗的花朵、清香的氣味、安詳的優雅，令人有服用了鎮靜劑的感覺。這一切只是奢侈的放縱嗎？才不呢，這是精心設計出來的成功環境。

你可能會說：「當然囉，假如我也有一架三千七百萬的噴射機，我保證我一定也很開心！」這可不一定。開心程度與一個舒服的工作環境有密切關係。名列《財星》雜誌前五百大的公司，投入了數百萬美元研究工作環境對員工的影響，並試圖創造最有效率的工作環境。高層人士的生活中有大禮車、私人飛機和鮮花並非偶然，這些東西不但能讓老闆開心，也能讓老闆保持高情緒，以便能有正向思考和工作表現。

然而，我見過有人在十分不理想的情況下還能爲自己建立一個有條不紊的工作環境。德蕾莎修女的慈悲善行受人景仰，她所處的環境非常的素樸，但是很有條有理。美國當代作家巴克利(William F. Buckley)在一個改裝過的車庫工作。「我所要的東西，這兒一應俱全。我有一個線上圖書館、一個改裝的工具房，還有直通我紐約辦公室的電話。」他使用一部電腦來節省空間。環境不一定要昂貴，但一定要乾淨、要能增進創意。美國廣播公司（ABC）的總裁墨非（Tom Murphy）說：

「好的光線對我來說最重要。我只要有好光線、一張桌子和一部電話就夠。」

傳統看法認爲：強悍的人在哪兒都能工作。

本書認爲：適當的空間，能爲成功鋪路。

生理基礎及對策

環境心理學家研究人類工作表現的每一個面向，然後創造出能增進表現的工作環境。在今日的瘋狂世界裡，我們不可能總是能隨心所欲處在自己想要的空間，卻常常被外在的龐大力量影響了我們的精神能量。所以你要像上述那位搭噴射客機的總裁一樣，建立一個適合自己生理與心理的「繭」。當年巴頓將軍帶著自己最好的床單組、水晶杯和瓷器上戰場，所以你也要建立一個能讓你覺得有信心的私人空間，然後以自信和平靜迎向世界。

強森管理（Johnson Controls）是全世界最大的組織管理公司，管理項目包羅萬象，從公司的財務狀況到防火設施、保全、空調、飲水和排水道。強森管理的客戶包括兩千所醫院、四千間學校，以及共計十億平方呎的辦公室空間。該公司一百多年以前就設計出第一套旅館獨立暖氣系統。強森管理的偉恩（David Wyon）博士是室內環境品質專家。他說，創造一個利於成功的環境，有幾項重要的考量，這幾項考量對於大型跨國企業或是你個人來說都一樣。這些關鍵因素依其重要程度分別爲：溫度、空氣品質、照明與聲音。我加上第五和第六個項目：氣味與空間設計。前面五項目來自科學事實，第六項則是西方人不甚熟悉的東方「風水」之說。對於西方人來說，風水似乎是一種無法理解的東方世界觀；但是我的工作室在依照風水基本原理改造後，變成一個提高了生產力的工作空間，因此，我會把我發現最有用處的幾個大方針列入討論。以下分別敍述其生物學基礎，以及我所建議的對策。

一、溫度

你有沒有聽過「熱得無法思考」這句話？讓我告訴你，這句話並非空穴來風。據統計，人們對於所處工作環境的抱怨，首推「溫度」。也難怪如此，因爲溫度對於頭腦與肢體的勞動表現有著最大的影響力。

溫度平衡關鍵的要素在於氣候的溫度。在美國，適合腦力工作的最佳溫度是華氏七十度（約攝氏二十一度），不過這個最佳溫度並不適用於所有人。有些人天生不怕冷，被叫做「熱血」；反之，有人是「冷血」，因爲他們老是在添加禦寒衣物。對工廠作業員來說，依其居住環境的氣候而定，所需要的適宜溫度範圍也比較大。在歐洲，工廠的最佳工作溫度是華氏六十四度（攝氏十八度）；而對已習慣炎熱的南非人來說，華氏八十六度（攝氏三十度）最剛好。

溫度過低，有損工作效率。有些專家相信，華氏七十度（攝氏二十一度）以上的溫度，會對知識性的思考造成嚴重阻礙。在溫度還沒有暖到令人流汗的溫度下，智力表現和邏輯思考甚至就會有百分之三十的損失。過熱的氣溫，會改變腦中受激發的程度，因而影響到智力的表現。數學運算需要高刺激，而過熱卻會導致大腦只有……大約是在熱帶地區正午時分所看到的那種沒精打采。我在報導蘇丹的饑荒及其如火如荼的內戰期間，當地溫度每天都在華氏一百度（約攝氏三十八度）以上，即使是有空調設備的汽車或建築物都讓人無法喘息，難以思考。平常在有空調設備的人家裡只需幾分鐘就完成的事，在蘇丹這兒得花一個小時。在此，你的警覺程度隨著白天裡溫度的上升而降低。

低於最佳溫度的氣溫雖然不會對腦力的表現造成反效果，卻會對手部的效率造成影響——在寒冷的環境中，你的指尖運動的速度會率先變慢，然後你會慢慢失去對指尖的敏感度，接著肌肉會變得沒有力量。

對策一　調成最適合自己的溫度。爲避免氣溫影響你的工作效率，最好的對策是把工作環境的氣溫調節成你自己的最佳溫度。在我家中的辦公室，我整年都用冷氣機保持涼爽，讓人可以思考。

對策二　改變輻射熱度。假如你所處的工作環境把溫度控制得宜，但是因爲你靠近窗邊的冷風或暖爐的熱氣，所以你還是不舒服。如果你沒法控制整個辦公室的溫度，你不妨改變自己工作區的輻射熱度；譬如在脚邊放台暖爐來製造適合自己的溫度。偉恩博士發展出一種叫做 Climadesk 的局部控溫儀器，它可視個人需要而提供身體下半身暖氣，或是增加上半身周圍的空氣流動，而使腿部溫暖但仍能維持臉部的涼爽。（根據熱空氣上升的原理，固定型暖爐無法同時讓脚部暖和又有涼爽的空氣。）此外，固定型暖氣爐會爲室內所有人提高溫度，而 Climadesk 則能提供不同程度的冷氣或暖氣，讓同處一室的人感受到不同的溫度，它還能把新鮮空氣運送到我們的呼吸區。在瑞典，Climadesk 的使用已經非常普遍——你在還沒有這麼一部小機器以前，不妨在脚旁加個暖爐，桌上裝個風扇！

對策三　調節空氣流通度。空氣在你周圍移動的速度，是控制你體內熱度散失的因素之一——如果你失熱過快，就會覺得冷；但若熱度流失得不夠快，你會覺得悶熱和缺乏活力。你可以利用窗戶與風扇的開關來改變房間裡的空氣流通情況。這聽來也許再簡單明瞭不過，但我有一次覺得不舒服，想弄淸楚到底哪兒出錯，又該如何解決，折騰了半天——原來，調節空氣不過是開扇窗或把窗戶關上就解決了。在無法控制整體空間的溫度的時候，改變輻射溫度與空氣的流通速度不失爲解決良方。

對策四　控制相對濕度。相對溼度是指空氣中的溼度與空氣能夠帶走多少溼氣的比例。空氣中的溼度通常在百分之二十到百分之六十之間。在冬天，如果暖氣與戶外乾冷的空氣把室內的相對溼度弄得很低，低到令人不舒服的程度時，不妨考慮買一台增溼器。這會大大增進你的舒適度，免得你因鼻內黏膜乾燥而使得鼻子不通。而在夏天，當空氣潮溼得令人覺得悶窒時，使用冷氣機可以迅速降低溼度。根據偉恩博士的研究，冬天時，百分之三十的溼度對大多數人來說最舒服。至於夏天，百分之五十的溼度最舒服。而在有流汗的情況下，則不管是冬天或夏天，只要能降低百分之一的溼度都能讓你覺得舒服，因爲這會加快揮發性熱度的流失。

對策五　注意新陳代謝的速率。拍攝電視節目的攝影棚對一般人來說是冷得要結冰的場所，但對於幾乎等於住在裡頭的新聞主播與來賓而言，攝影棚像是天堂，因爲他們不用擔心在炙人的燈光下會大汗淋漓。新陳代謝速率能急劇改變你對室溫的需求。如果你剛做完運動，你就需要低一點的溫度、低一點的溼度，以及一台好風扇。但若你是坐著看書好幾個小時，那麼低溫就可能會讓人很不舒服、不容易專心。所以，想一想你的新陳代謝速率和你在工作時的肢體活動程度，然後設計一個能依你新陳代謝速度來調和熱度與溼度的工作空間。

對策六　注意衣著。以前的人，也許會去知名西服品牌裁縫師那兒，花好多錢量身裁製一套很棒的西裝。以老牌的英式西服的要求來說，英國裁縫師爲了要製造出色的藝術品，使用的是厚重的布料，通常是十四盎斯甚至十六盎斯的布料。而義大利設計師則多半使用八盎斯的布料。然而，現在的辦公大樓普遍使用中央暖氣系統，幾乎沒有人能再穿著這些藝術品工作，因爲這些西裝實在太暖。亞曼尼（Armani）西裝能夠成爲新寵，就是因爲它輕得不得了，而且沒有英式老西裝厚實隔熱襯裡的設計。

衣著對於體內熱平衡的影響，還有一個科學根據可加以說明。在紡織學裡，「clo」一詞用來指衣服的單位，正常的隔熱度是1個clo，這是男性冬天在室內會感覺舒服的程度，等於是穿一件襯衫加西裝外套。0.5個clo就代表正常隔熱度的一半。夏天時，女性可以低到0.5個clo，而男性可低到0.7個clo，差不多是穿著質料非常輕薄的襯衫與外套。男性除非穿著運動短褲，否則clo的指數無法像女性那麼低。室內舒服度最高的clo指數是1.5，也就是一件毛衣加外套。

我在辦公室時通常穿卡其褲和棉質襯衫，兩者的clo都很低。如果你覺得冷，不妨加件外套或毛衣來增進工作效率。

儘管百分之九十九的人都能接受辦公室裡的溫度多或少個華氏十度（攝氏五點五度），但可別就把空調定死在七十度（攝氏二十一度）。

你既然知道了影響溫度平衡的六個關鍵因素，就請一併考慮這六個因素。要明白你有自己獨特的「正常」溫度，一旦達到了那個溫度，你自己一定會知道，因爲你這時候就不感覺冷也不覺得熱。這種狀態叫做「適溫」（neutrality）。適溫會因爲你的新陳代謝情況而改變：你坐著，或是走來走去，或剛做完運動，你所要的適溫都不一樣。當外界溫度高於你所需的適溫時，你的大腦能力會減弱；而當溫度低於適溫時，你的肢體活動力就會受到損害。

二、空氣品質

室內的空氣品質幾乎全天候都處於不佳的狀態，很多人因此付出代價。愈來愈多人對室內空氣中的粒子過敏。研究顯示，暴露於室內中的花粉、黴菌、家庭灰塵和動物的皮膚毛髮會增加過敏程度，可能出現的負面反應從輕微的敏感到嚴重過敏都有。現在有愈來愈多人——特別是兒童——罹患氣喘，而封閉的建築物是最可能的導因。北歐國家的人使用封閉式的建築物來節省能源，而他們的呼吸器官問題就特別嚴重。

空氣品質的測定，是以空氣中含有一氧化碳的多寡而定。空氣愈清新，一氧化碳的含量就愈少。新鮮的空氣中含有六百ppm的一氧化碳；當濃度高到一千ppm時，空氣開始變得不通風。科學研究所建議的新鮮空氣量，是一個人在一分鐘內至少能擁有十平方英尺的空氣。在挪威的校園裡，研究人員必須把每位學童能享有的新鮮空氣提高到每分鐘二十平方英尺，空氣品質才算達到最佳狀態。而在改善了通風的教室裡面，學生較少顯示出不良的健康徵兆，並且在簡單任務（簡單反應時間）上有較好的表現。但是，由外頭送進來的新鮮空氣每一立方呎都得花一大筆錢，於是，爲了省錢而採取的措施就造成了過敏問題的加重。

對策　你能怎麼做呢？首先，請**選擇在能開窗戶的建築物工作**。但如果你是在封閉的大樓中工作，就要設法增加你個人的新鮮空氣到每分鐘二十英尺。有趣的是，在辦公室或臥室裡所找到的過敏原比戶外還多。買一台靜電空氣清淨機清除屋內的過敏原吧！用了它，你可以看到香菸的煙被吸進空氣清淨機裡，而且不會再跑出來。清淨機目前還是不便宜，但隨著科技的進步，價錢將會逐漸下降。

爲提升室內的空氣品質，不妨也考慮**使用離子聚集器**（ionizer）。在自然環境中，乾淨的空氣中含有較多的離子，不乾淨的空氣含有的離子數就比較少。負離子會釋放出較多的神經傳遞素：5-羥色胺，這對心情有正面影響。（暴風雨會釋放負離子，你會否注意到，風雨過後，人的感覺會變好一些？）你現在就可以爲你的辦公室購置一台價格合理的負離子聚集機。有一個「天一牌」（Sphere One）負離子聚集機很適合家庭使用。你可以到這家公司的網站看看，網址是 www.sphereone.com。

三、光線

我們常忽視了太陽對心情的影響。哥倫比亞大學心理治療系臨床心理教授特曼（Michael Terman）博士，是研究光線療法的專家。他指出，即使是剛露出地平面的朝陽，也比室內光線亮得多。淸晨出現第一道陽光時，就能在大氣中測出八百個勒克斯（燭光）。可是，我們認爲室內的亮度維持在五百燭光就很足夠——這還是很樂觀的估算；這裡指的五百或六百燭光是設計良好的工作室所能測得的亮度。相較之下，你在室內的光線多麼弱啊！事實上，我們在住處和辦公室裡似乎整天都處在幽微的黃昏光線裡。現代都市的生活形態把人關在室內，致使我們常與黑暗相處，造成許多人似乎因長期光線不足，而顯現出類似憂鬱症或季節改變影響失調的徵狀。

在美國，辦公室多使用頂燈照明，目的在於讓所有員工接收到相同的光線。這對很多人來說不是好事，因爲不一樣的人在一天內不同的時間裡所需要的光線程度是不一樣的。

對策　若想解決辦公室的光線問題，就去**買個自己能控制的檯燈吧**。你所需要的照明種類與強度如下：由於室內光線很少超過六百燭光，而你至少需要有一千燭光才能獲得跟天然光線一樣的益處，因此，不妨考慮裝設一套特別的照明系統。我所謂的照明系統，指的是店裡販售的一整套設備，而不是買幾個燈泡就算。若你買的是照明設備，你會發現它依照設計觀念的要求來安排燈泡位置與特殊的過濾。除非你本身是燈光師，否則你不會知道該如何組一套這樣的照明設備。假如你想自己動手做，組裝費用加起來也一定會高過店裡買的成品。

特曼博士給予照明系統高度的肯定，他推薦天一牌照明設備（Sphere One Lighting Apparatus），這套照明設備選用的是白光燈泡。天一公司對其照明系統做過紫外線測試，並把光線中的藍區調弱；光線中的藍區不適合人體長期曝曬，原因是藍光十分活躍，會在眼球周圍跳躍，產生一種令人不舒服的刺眼強光。天一公司除了提供市面上最好的解波（把短波長調弱）設備外，還製造了高亮度但不刺眼的光線，此亦經臨床檢驗通過，這是在購買物品一項很重要的考量條件。天一銷售的「日光一萬」（Sphere Daylight 10,000）是一個一萬燭光的裝置，只要坐在離它若干距離之外，它就能展現治療效果——患有「冬日憂鬱症」的人，可以考慮購買這套設備，並翻閱本書第一篇末尾的「Q&A」那一章，學習該如何使用光線來克服「冬日無力感」。天一公司還銷售一種豪華型設備，設有不同的等級，能讓使用者白天時調弱燈光用於辦公桌，晚上時調亮一些用於客廳。這家公司的產品經得起科學測試，不過並不便宜，一組售價將近五百美元。但是如果你工作場所的照明極差，或你有冬日憂鬱症，買它絕對值得。

四、聲音

工作環境裡的聲音污染最令人討厭，也最讓人分心。視覺上讓你分心的東西，你可以轉開頭不看，但是噪音的穿透力更大。爲什麼？因爲噪音會逼得人非進行一系列的認知決定不可，導致我們對手上的工作分心。聽到噪音時，我們會出現三個步驟：偵測、辨別、詮釋；經過這三個步驟之後，你才能對它不予理會。令人分神的聲音會分散你的注意力，岔開你的思緒。車聲、有人在樓上踱步、施工噪音等等固然是困擾，但最讓人分神的是人聲，因爲我們沒辦法不去聽別人說話。對某些人來說，再怎麼安靜的環境他都覺得不夠靜，即使在田野鄉間，蟲鳴鳥叫也可能會使人分心。

對策　與其四處尋找一個安靜的場所，不如試著去了解和控制環境中的聲音。當你在建立一個理想的工作環境時，千萬不要讓環境中既存的雜音稱王，不妨爲自己**建立一個個人的「聲音背景」**（soundscape）。許多人使用噪音製造器（noise generators）來掩蓋會令人分心的聲音，好讓自己專心工作。如果你想使用噪音製造器，偉恩博士推薦一種粉紅噪音製造器。「白色噪音」的確能蓋過其他不良的聲音，但同時也產生一種高頻率的嘶聲。人耳習於把高頻率的聲響聽成危險的訊號，而把低頻率與慢動作及柔性影響想在一起。粉紅噪音製造器（「粉紅」是一種譬喻，因爲紅光的頻率比藍光低）的頻率就比較低，而且會降低高頻率，結果就是讓人感覺噪音變得柔和。

現今市面上所有的噪音製造器都屬於白色噪音，但是偉恩博士說，自己做一個粉紅噪音其實非常簡單：買一台擴大機，或是有用圖形顯示頻率的收音機（愈便宜的愈好，因爲便宜的擴大機會製造比較多的噪音），先把它的高音調低，以此減弱高的頻率，然後剩下的低頻率嘶聲就是粉紅噪音了！多功能的立體聲系統只需花費幾百美元，就能有非常棒的音響效果。我發現，使用一台風扇或冷氣機是解決噪音最簡單的方法。因此即使是在冬天，我也會打開冷氣機來擋掉外界的雜音。

五、芳香

研究人員正在努力開發芳香療法（aromatherapy）對於失眠、焦慮、減輕體重、苦痛管理、注意力集中，以及心臟不等的問題的好處。在德國與英國，許多醫學機構設立了專門教授芳香療法的課程；而在美國，普度大學（Purdue University）率先提供學士後的進修課程。在美國各地，有些醫學機構已把芳香療法用來當作輔助治療，但還不是替代的治療。

根據英國的老莊園醫院（Old Manor）的研究發現，以散發薰衣草精油的方式可以減輕失眠，其效用已能取代藥物治療。紐約一所醫院在磁共振影像的過程中做了一項研究，利用天芥菜精（heliotropin，一種存在於香草與黑胡椒的氣味）來減低病人的焦慮程度；結果發現，能聞到天芥菜精香味的實驗組比不能聞到香味的控制組，焦慮程度減少了百分之六十三。在英國的皇家蘇士伯里醫院（Royal Shrewsbury Hospital），研究人員把芳香精油，例如薰衣草、茉莉、伊蘭伊蘭（ylang ylang）散發在患有冠狀動脈心臟病的病患區，結果發現該區病患的焦慮程度下降了百分之七十一，而對照組只降低了百分之二十五。

精神病學暨神經病學家賀須（Alan Hirsch）博士，研究的是特殊芳香匣對於減肥的影響。特殊芳香匣是一種塑膠製吸入器，匣中盛有香精，一打開就能聞到香味。在爲期六個月的研究過程中，賀須發現，病患平均減輕了三十磅的體重；更重要的是，病患最喜歡的香味，對於他減重的作用最大。進一步的研究也顯示出若干香味能增進工作表現。例如迷迭香有助於集中注意力和克服學習困難。日本人把檸檬香精放入工作場所中的中央空調系統，以增進員工的工作效率。而英國皇家蘇塞克斯（Royal Sussex）醫院心臟科的研究則顯示，採用芳香療法加上按摩，能減輕疼痛、降低血壓與緩和心跳。

艾維達芳香療法學院（Aveda Aromatherapy Academy）院長、兼英國皇家醫學協會成員的賀考克(David Hircock)，也是英國國家藥用植物學院(National Institute of Medical Herbalists）的成員，協助設計了該院藥草醫學學位的課程。他爲我解釋了芳香療法對人體產生作用的過程。

味道經由兩個嗅覺管道傳到大腦，一個是主要管道，一個次要。主管道起於鼻腔中的感覺神經元，止於主嗅球。當我們從鼻子吸氣時，氣味刺激就直接進入具創造力的右半腦，以及進入邊緣系統（又稱爲「第一個」腦、「情感的」腦）。當氣味刺激邊緣系統，邊緣系統便刺激了荷爾蒙的釋放。

次管道起於位在鼻腔下方空隙中的感覺神經元，止於次嗅球。最近有研究顯示，在與性行爲有關的氣味辨認上，次嗅覺管道扮演了重要的角色。

嗅覺，是我們的第一種感覺，是我們的化學感覺。在所有生物都處於原始渾沌的形態時，嗅覺就已是重要器官了；嗅覺是魚類與細菌最早的主要感覺器官。人類的嗅覺非常強，即使是一毫克大蒜分子的百萬分之一在空氣中飄散的味道，我們都聞得到。這相當於喝一口游泳池的水就嘗出池子裡滴了一滴醋！我們還能辨別出氣味的方向，因爲氣味最先抵達的部位就是我們的鼻腔。

嗅覺不但是我們的第一個感官覺，它還是人類最直接的感覺，這也許可以解釋爲什麼氣味所引發的記憶會那麼強烈。就視覺來說，光線必須先經過虹膜和視網膜才抵達大腦；在大腦處理之前，視覺牽涉了好幾條管道和許多的突觸。相反的，嗅覺到達腦部的方式直接得多，只牽涉到幾個突觸，並且幾乎是立即的反應。事實上，嗅覺是與邊緣系統最接近的官感。邊緣系統中有海馬（與記憶運作和短期記憶有關）、扁桃體（情緒主管）。最近一項研究顯示，嗅覺神經與扁桃體間只有兩個突觸，與海馬體之間也只有三個突觸。

對策一　使用精油或植物萃取液進行好幾種芳香療法。但務必把精油稀釋。市面上販售的精油瓶都附有滴管，很容易就能控制所需的滴量。以下介紹幾種使用方式，當中所提到的精油、基底按摩油、擴散器和蠟燭，可以在芳香療法專門店、百貨公司專櫃等處找到。

⊙泡澡　使用令人平靜的香味。先把浴缸放入七分滿的溫水，然後滴入三、四滴精油，把油滴輕輕攪拌，使之散開。坐入浴缸，頭往後靠，深呼吸，放鬆。

⊙淋浴　最宜使用提振精神的香味，可以提高活力。淋浴時，在腳下的地板滴兩滴精油，然後如常淋浴。要注意：精油會溶解塑膠，所以如果你的地板是瓷磚，可以直接把精油滴在上面，但如果浴室是塑膠地板，就要先把兩滴精油滴在毛巾上，再把毛巾放在腳下。

⊙按摩　把三至六滴的精油與一盎斯的基底按摩油混合。基底按摩油可使用杏仁油或葡萄籽油。適合用令人鎮定、舒緩的按摩油。

⊙薰香器　又稱「薰香陶瓶」，瓶器上端有一個小碟，下方放置蠟燭。先把小碟裝滿水，滴幾滴精油，然後點燃蠟燭。輕鬆坐下，吸聞陣陣香味。這方法最適合辦公室使用。

⊙精油蠟燭　也可以直接買精油蠟燭來點，但要用天然製的精油蠟燭。

以下列出改變心情最有效力的幾種香味，依其功能可分爲舒緩與提振兩大類。具有舒緩功能的精油對神經的作用很強，因而引發鬆弛反應；具提振效果的精油讓人立刻覺得精神百倍。你可以使用上述的幾種方式來運用。

一、具舒緩功能

・薰衣草
・伊蘭伊蘭（一種生長在馬來西亞與印尼的熱帶花卉）
・玫瑰
・甘菊（Chamomile）
・天竺葵（Geranium）
・檀香
・乳香（Frankincense）
・茉莉

二、具提振功能

・薄荷。薄荷會發散皮膚溫度，表示血液已從皮膚流向大腦與肌肉。
・柑橘類油。檸檬、檸檬草、柑橘。
・油加利屬植物。油加利樹油對於消除疲勞很有用，對於因鼻塞所引起的疲勞特別有用。蠟燭製造常加入油加利，就是要用它的提神作用。
・迷迭香。能提高活力，振奮精神，據說對增進記憶力特別有幫助。但懷孕或有高血壓的人不該使用。最安全的迷迭香精油產自北非的突尼西亞。

・柑橘花

對策二　把香味製成果汁或茶來喝。著有《好藥草》（*The Good Herb*）及《季節治療祕方》(*Healing Secrets of the Seasons*)兩書的藥草專家赫莉(Judith Ben Hurley)，推薦以泡茶與做果汁的方式來達到芳香療法的作用。

一、舒緩飲品

・甘菊。泡甘菊茶。喝的時候吸進香味。

・墨角蘭。這是一種類似牛至(oregano)的植物。在沸水中加入一匙乾燥的墨角蘭，蓋住茶杯，浸泡四分鐘，然後小口啜飲，吸入它的香氣。

二、提振精神飲品

・柳橙。早晨榨一杯新鮮的柳橙汁。喝的時候，別忘了吸入它的清爽香味。

・檸檬。早晨擠半顆檸檬到一杯熱水中，慢慢喝，吸它的香氣，能讓你感覺更有活力。

・薄荷。埃及人長久以來仰賴著薄荷振奮人精神的氣味，並且建議要用薄荷茶來開始你的一天。不妨試試以下古方：睡前抓一把新鮮的薄荷葉，放進四杯室溫的水中，蓋上蓋子，讓它隔夜。隔天早上起床後，把葉子取出，飲用杯中清涼的水。

六、空間

你有沒有想過，爲何有些空間能讓工作效率大增，有些房間卻像會吸光你能量似的讓你提不起精神？相信中國風水之說的人會告訴你，這些都與兩個東西相關：其一爲「氣」，人眼不能得見的能量；其二爲你對一個地方的能量流向的了解。風水之說致力於創造出居家與工作環境中的平衡與和諧。問問你自己：你所處的空間是會耗損你的精力還是給你精力？

開了一家風水諮詢公司的舒瑞提（Sarah Shurety），是爲英國首相設計道寧街十號官邸的人物，她說：「首相是一艘船的船長。他的精力必須完全用在正確的地方。要是他脫軌了，整個國家也會跟著脫軌。」知名作家庫克（Robin Cook）花了很多時間整理他家中的工作室。他告訴我，他的成功，多少要歸功於他有一個良好的工作空間。聽他這樣強調，我注意到自己的工作空間眞是雜亂無章——一邊是我太太的書桌，桌上堆滿了舊報紙、待繳費的帳單、半杯過期的蛋白質飲料；另一邊是我三歲孩子的沙發，沙發上擺著他的玩具、黏黏的糖果紙、斷落的蠟筆。我開始想辦法找到幾條風水原則，讓我的工作空間變成一個高效率的空間。我看了好多書、詢問專家、在網路上找資料，都得不到太大的效果。最後，我終於在紐西蘭找到風水專家衛斯特（Richard Webster），他著有《給新手的風水》（*Feng Shui for Beginners*）、《居家風水祕訣》（*101 Feng Shui Tips for the Home*）、《工作場所風水》（*Feng Shui in the Workplace*）等書。他推薦的步驟極爲容易，而且是我目前所看過的最佳方式。以下所述多半來自他的建議，包括辦公室的位置、形狀和室內擺設。

對策一　不要亂堆東西。雜亂會阻礙辦公室裡「氣」的流通。定期把不用的物品清除。若不把辦公室清理乾淨，你整個生活都會亂七八糟。若要在辦公室裡擺沙發或椅子，是你眞的需要才擺，否則沙發也會變成一個大雜物。如果你有書架，架上的書也要是你會讀的才擺。

對策二　把電腦與電器纜線收好。把所有電線都擺在視線以外，因爲電線讓人聯想到水被抽掉，而水代表財富。

對策三　窗戶與照明的設計要良好。

- 辦公室中最少要有一扇窗，因爲窗戶能讓「氣」進入室內。能讓陽光射入的窗戶最理想。
- 光線能帶來「氣」，因此整個辦公室都該有良好的照明。良好的光線能增進思考與創造力。
- 在書桌上方或旁邊放一盞燈，照亮你手上的工作。
- 室內其他地方也要有相當的亮度，因爲陰暗的角落會產生不好的「氣」，所以，辦公室裡不要有陰暗昏沈的死角。

對策四　巧妙運用牆壁裝飾。你可以使用鏡子，讓辦公室看來大一些。你也可以在牆上掛上你喜歡的圖畫，而且要掛在你視線所及之處，好讓畫飾對你的心情產生正面影響。

對策五　顏色要用對。選擇你覺得好看的顏色，並注意以下幾項原則：。

- 帶點黑色或藍色（裝飾性質）會不錯。照風水的說法，黑色、藍色與水

（即財富）有關。

・金屬物品或漆上白色的物品會啓動五行中的火，火與能量及興奮有關。

・綠色或木頭色（譬如植物或花朵）會加強「木」元素，木與創造力和成長有關。

・細膩柔和的顏色搭配，比明顯鮮亮的顏色好，因爲太亮的顏色可能對訪客造成影響，帶來負面的情緒。

對策六　擺放活的植物在辦公室裡，不要選乾燥植物。

對策七　書桌的安排要恰當。

・書桌不要直接背對窗戶。因爲假如書桌背對窗戶，你坐在書桌前時會覺得背面有敵人，好像缺少支援。

・盡量用大桌子。桌子的大小反映出桌子主人的地位。（有沒有注意過，一家公司裡，董事長的桌子總是最大的？）除此之外，大桌子能讓你的想法和案子有最大的活動空間。

・如果辦公室裡有好幾個人，不要讓你的桌子直接面對另一個人，因爲那具有對抗衝突的意味。可能的話，讓桌子以直角方式相對，也就是所謂的八卦形，這從風水的角度看是能帶來好的能量，因爲它涵蓋了羅盤上的八個方向。也可以把桌子排成一列，但不要讓桌角彼此相向，產生煞氣——你可以在桌子間擺盆栽或分隔物，以減少煞氣。

・桌子要擺在能看到走廊或能看到人們進出的位置。爲了盡可能看得多，桌子應盡量遠離入口。最好的位置通常是與門成對角，這能讓你對整個房間與進出大門有著指揮性的視野，在風水的說法裡面，這裡是主位。主位不但能讓你看到別人，還讓你能被別人看到——這很重要，這樣你才不會在升職或加薪時被忽視了。桌子最好不要直接對著門，因爲那會讓進來的人有威脅感。

・不要背對著門坐，因爲你會感覺不舒服，沒有安全感。(在風水的說法是會覺得有被人從後面捅一刀的危險。)

對策八　辦公室的位置要注意。

・辦公室不要位在長廊的盡頭。長長的走廊會製造「煞」，這會造成工作不順利。

・不要面對廁所，因爲廁所會製造負面的「氣」——水代表財，把水沖走就會把錢財沖走，這樣就晦氣了。

・不要位在往下的樓梯，因爲那象徵「往下走」。如果辦公室面對的是往上走的樓梯就沒關係，因爲這代表了「向上」。

・選擇格局正方或長方形的辦公室。不要選奇形怪狀的辦公室——角度會製造煞氣。

對策九　從風水的角度**把辦公室劃分成若干區域**，按區做不同的安排。

・財區。辦公室一進門，直角方向往左邊最遠能走到的區域就是財區。若想讓財區活絡，可把與生意及金錢有關的物品放在該區。按照風水的說法，「金」與錢有關，所以任何帶金的物品都能讓財區活絡。可以在該區放置銀製的小擺飾或與金錢有關的裝飾品。在亞洲，人們通常在財區的牆上掛一些用紅線串起的錢幣。紅代表吉利。或是在財區擺放一個內有八條金魚和一條黑色魚的水族箱，這樣可以活絡財富區，因爲「八」與「發」有關，金與錢有關，而水也與財富有關。黑色的魚則是用來抵抗災害。

• 名聲區。辦公室的中央位置就是名聲區。若能讓名聲區活絡，將能提升你的名譽和地位。在此區可掛上畢業證書、執照，或是與同行中成就顯赫的人的合影照片。

• 事業區。一走進辦公室的左邊或右邊（依門的位置而定）就是事業區。想要讓事業區旺盛，就在此方位擺上與你事業有關的物品，譬如傳眞機或印表機。

我運用了幾條風水原則後，工作效率出現了驚人的改變！現在是我的辦公室邀請我工作，讓我有創造力。我擁有的空間不大——我老婆只肯把家裡最小的房間給我當工作室。但是一清除掉雜物，再花個幾百美元，我就設計出了一個讓我精神百倍並能增加財富感的空間。

差一點就差很多

屬於你個人的環境眞的非常重要。如果你常常需要出差，是沒有固定辦公室的「路上戰士」，可就得花點時間選擇合適的手提電腦、軟體、公事包及衛浴用品。特別注意要購買好用的文具用品，如此不論你在什麼地方，都能有可以展開工作的感覺。

「好表現」和「驚人表現」兩者的差別通常很小。在百米賽跑中，幾分之幾秒的差別，區分出一個世界記錄保持人與一個普通運動員。幾個經過斟酌的字眼和手勢，可能就分出普通業務員和一流業務員。微小而不起眼的改變，對於你的表現和你對自己的感覺會造成很大的差別。改變你周圍的空間，能爲你的健康和工作表現帶來驚人的回饋。不過請記住，當你是在爲一群人改善狀況時，只有百分之八十的人會滿意。若想達到最高的工作效率，你應該要盡量控制住工作環境中的各個變數。現在的企業總是覺得，在一個空間裡塞愈多員工愈好，這造成了辦公室多半是開放式的空間，因而降低了個人對工作空間的控制程度。但因爲每一個人所要求的最佳狀況不盡相同，共用式的大辦公空間難以滿足這一點。你對自己工作環境的掌握程度，會影響到你的健康、心情和工作效率。把工作環境中的問題說出來或提出要求，別以爲這麼做就是缺乏團隊精神或害怕是自己愛發牢騷。

現在就去安排你的環境吧，讓空間來增進你的工作效率和創造力。注意溫度、空氣品質、聲音、氣味和空間。製造一個有好風水、能爲你帶來好運的吉祥空間。設計一個你喜歡的空間，讓那個空間也能愛你，等著感受它帶給你的神奇！

3
音樂

一九九九年夏天，我與妻子享受著法國渡假勝地蔚藍海岸的魅力；來自撒哈拉沙漠的乾冷北風，把空氣中的塵埃與溼氣一掃而盡，顯得萬里晴空。然後，我的總公司打了通電話來給我。原來，美國轟炸了蘇丹——關於這個國家，我做了十年的報導。總公司要我馬上飛到非洲去做報導。於是我開始收拾行李，離開蔚藍海岸這人間天堂，前往位於撒哈拉沙漠中心，被美國官方視爲回教恐怖主義心臟地區的蘇丹首都，喀土穆。我太太淚眼汪汪：假期毀了。隔天一早，我四點半起床，快速做過單車運動後，準備搭乘八點的飛機到尼斯，然後飛經蘇黎世、開羅，最後抵達終點站喀土穆。四個小時的睡眠，腦子裡不時想到佛蒙特家中的稚子及我可憐的老婆打包離開的情景，心情可以說是低到了極點。在飛機上小睡一番後，我拿起機上的耳機，正在播放的音樂是莫札特驚人的歌劇作品《費加洛婚禮》……幾分鐘後，我的心情隨即上升到最高點。

這樣的改變並非意外。音樂能夠把你推向成功境界。回憶一下年輕時光，開車兜風時聽著排行榜金曲，想像力隨著音樂馳騁到九霄雲外。任何事情似乎都是可能的，最遠也不過天邊而已。記不記得在跑步或跳有氧舞蹈時，加了音樂後，你的心跳速度變得有多快？在聆聽偉大的交響曲時，腦中似乎浮現了高超宏大的思緒？音樂的作用並非只在偶然狀態下發生。研究人員推崇音樂激勵振奮人心的力量，它能提升情緒，甚至提高智商。音樂的治療用途已有完整的方法，而且能有效控制你一天中不論是剛下床、開車上班、運動或在辦公室時的精神能量。挑對了音樂，能讓你的壞心情變平靜，甚至轉好；藉由音樂之助，你可以改變、觀察或改造心情，有助於你完成手上的工作。

傳統看法認爲：音樂是娛樂。

本書認爲：音樂是精靈。

生理基礎

音樂能到達大腦中好些個部位，所以它能對我們的心理、身體、認知及社交帶來正面且深刻的影響。大腦中處理音樂的部位是扁桃體，屬於邊緣系統，而邊緣系統與情緒和想像力有密切的關係——因此，音樂直接刺激我們的情緒與想像力。

音樂對於我們的身體也有直接的影響。譬如旋律，它和心跳與血壓一樣，在大腦中是由相同的一個部位來處理。音樂和其他已受社會確認的舒緩方式，如靜坐、瑜珈的作用一樣迅速、有效。音樂可以舒緩、鬆弛肌肉。

音樂減低壓力的效果極爲顯著，能導致壓力荷爾蒙指數的下降。拉汶索（Charles Levinthal）在其著作《天堂信差：慰藉劑與大腦》（*Messengers of Paradise: Opiates and the Brain*）中說明，在聆聽音樂的過程中，人體會能釋放出腦內啡（endorphin），它能紓解苦痛、引發快感。

音樂甚至可能會增強免疫系統。音樂治療教授狄莉歐（Cheryl Dileo）博士及其在費城天寶大學（Temple University）的同儕，針對一個能抵抗疾病、名爲IgA的抗體做了研究，表示：「我們發現受測者在聽了二十分鐘的音樂後，IgA的數量有明顯增加的情形。」這並不是單一的、偶然的觀察結果。

音樂是一股極其強大的力量，被許多醫生用來當作治療的一環。早在十六世紀，法國詩人拉伯雷（Rabelais）在其《巨人傳》（*Gargantua and Pantagruel*）一書中，就描述了音樂治療的功效。拉伯雷提到一位女王「不必碰觸病人的身體，只要彈奏一首合適的曲子，就能治好病患的病痛」。一五七一年，德國的溫泉聖地亞恆市（Aachen）有一群接受溫泉治療的患者，開始接受歌唱治療。一七七三年，羅馬的歐斯佩達精神醫院（Ospedale Santo Spirito）也爲其病患演奏管風琴音樂。眞正讓音樂治療大獲重視的是世界大戰的發生。戰後，許多專業或業餘的音樂人爲飽受戰爭之苦的戰士演奏音樂，音樂使得病患在身體或情緒方面有了顯著的進步，也因此醫院開始定期雇用樂師。不過很明顯的，醫院樂師需要有專業的職前訓練，漸漸就有了在大學設立音樂治療課程的呼聲。一九四四年，美國密西根州立大學開設了音樂治療學系，是全球第一個教授音樂治療課程的機構。一九五〇年，美國國家音樂治療協會成立。

現在，西歐與美國的醫院使用音樂療法來安定病患情緒，或引發睡眠、抵制憂慮和恐懼、減低肌肉緊張以達舒緩效果，並合併使用麻醉法或降低疼痛藥療法來減低疼痛。許多一流的外科手術醫生在手術房爲病人及醫師們播放音樂，以緩和手術進行時的緊張。音樂療法是一種頗具成效的精神療法，它能提高憂鬱症病患的心情，對重度精神病患如精神分裂患者、邊緣人格患者、重度精神障礙者也有所助益。

音樂治療專家會依個人的情緒、身體狀態、社交功能、溝通能力及認知技巧來設計音樂療程，而且全部都是以個人對不同音樂的實際反應爲依據；然後，由治療師開出課程的「處方」，包括音樂即興創作、感受性音樂聆聽、歌曲寫作、歌詞討論、音樂與想像力、音樂演奏，以及經由音樂來學習的課程。

對策

音樂治療

若要讓音樂療法生效，有幾個條件要配合。

⊙首先要**找到配合當下心情的音樂**，感覺一下自己是沮喪、哀傷、不好不壞還是生氣。

⊙然後，**使用三、四種旋律或歌曲，把這些旋律或歌曲安排成你想要的感覺，長度大約二十分鐘**。這樣做你會發現，你的心情會隨音樂而改變。最理想的方式是把對你最有效的歌曲順序以錄音帶錄下來，或是用CD的曲目編輯播放功能依你要的順序播放。狄莉歐教授說：「這是個很重要的方法。如果我們能配合刺激，然後改變刺激，心情也就會隨之改變。」

⊙如何選擇適合的音樂呢？狄莉歐說：「專家會考慮旋律、曲調、和聲及音色等等，但一般人其實就聽聽曲子帶來什麼感覺就好。音樂會改變你。即使你喜歡聽哀傷的音樂，它先讓你沈溺在負面的情緒裡，接著它會促使你把音樂換成歡樂的曲調，你的心情就會跟著好起來。音樂是很複雜的東西，可是要音樂起作用，方法卻非常簡單。最重要的是，**結束的曲子要能反映出你想要的心情。**」

這個改變心情的技巧係根據一種來自希臘的古老方法，稱爲「相同心情」(iso-moodic) 的原則。「相同心情」原則，指的是在治療開始時要採用跟你心情相同的音樂，而治療結束時的音樂，則是你「想要達到」的心情。什麼時候可以使用這「相同心情」技巧來改變心情呢？答案是：隨時。狄莉歐博士說：「我認爲應該是有需要就可以施行。」

如果你會賴床，音樂療法也可派上用場。音樂最棒的好處是取得容易，聽音樂很方便，戴上耳機還能全天候聆聽。如果某個面試讓你緊張，或者和老闆開會讓你覺得害怕，你都可以利用音樂來加以改變。很多的研究都證明了音樂有助於減低焦慮。狄莉歐博士說：「用的還是那個相同心情技巧。找出符合你心情感受的音樂，然後逐漸換成能讓你放鬆的音樂。如果時間不夠，就直接聆聽可讓你放鬆的音樂。把你所有的注意力都集中在音樂上；它將會帶你遠離那些會造成焦慮的想法。」對於某些焦慮症患者來說，音樂最能幫助他們表達出內心最深層的需求。

音樂是最不可思議的人類情感圖書館；音樂等於是一份令人眼花撩亂的情

緒目錄。尋找讓你感覺舒服的音樂——找到之後，就盡情享受它。一個懂得聆聽的人，他腦中有許多音樂裝置，但並非全部都獲得發展。如果你的大腦中尙未具有了解音樂的構造，別急，多聽幾遍你所喜歡的曲子，讓你腦中那個結構有時間和空間來發展，然後再去找其他類型的音樂練習。這種方法最好，因爲是你自己找到的，所以你會願意繼續聽；就像如果你不愛某種新的飲食法，就不可能繼續採用這種飲食，一旦你不喜歡某個音樂，你絕對不會繼續聽它。但是你要逼自己一下，要相信你所聽到的不是全部；一定還有你沒聽到的東西，要繼續聽。到後來，音樂會帶來難以置信的效果。只要繼續聆聽，你一定能找到某種能讓你個性得到抒發的音樂。

挑選適合的音樂

該怎麼挑選適合的音樂呢？耶魯大學音樂系系主任羅珊（Ellen Rosand）博士說，從古到今，音樂家都猜測著某些曲子具有引發特定情緒的效果。耶魯大學音樂系副教授暨《音樂理論》雜誌編輯薩彥卓（Ramon Satyendra）博士則強調，聆聽音樂是一種豐富的經驗，不僅僅是「某個曲子帶來特定情緒反應」這麼單純的關係。但他也說了，有些作品的確是爲了引發或呈現特定的情緒而作。他爲我們列出了以下的資料。

傷悲　這些作品中包含漸下降的低音部，含有哀悼、憂傷及悲劇的表現。

・普賽爾（Purcell）：《荻朶與阿尼亞斯》（Dido and Aeneas）中有一段荻朶的哀歌劇，有漸次下降半音階的低音部，此曲因而成爲後代作曲家描繪哀傷的模範。

- 巴哈：降B大調隨想曲
- 莫札特：D小調四重奏（作品編號 K.421）
- 貝多芬：C小調變奏曲三十二首

田園風味　這些作品含有能帶來大自然與鄉間生活氣氛的章節。

- 韋瓦第：《四季》
- 海頓：《創世紀》
- 貝多芬：田園交響曲（第六號交響曲）、鋼琴奏鳴曲《田園》（D大調）
- 韋伯：《魔彈射手》序曲
- 德布西：《牧神的午後》前奏曲

瘋狂　作曲家表現出狂飲作樂或焦躁不安等的極端精神狀態。

- 白遼士：《幻想交響曲》
- 荀白克：《月光小丑》

頌揚　這類作品通常在快結束時會出現戲劇般的效果，產生一種頌揚、神化的感覺。音樂性質突然改變的那一刻，代表神化的剎那——手法可能是主題再展開，或所有樂器同時發聲，或變成前面的調子：

- 莫札特：《朱比特》（第四十一號交響曲）終曲
- 李斯特：交響曲《浮士德》中的神秘合唱（Chorus Mysticus）
- 貝多芬：第九號交響曲中的「快樂頌」

・華格納：《諸神的黃昏》末尾，布倫希爾德（Brunhilde）的死亡

改變心情　以下音樂能改變你的心情，說不定還能提升你的情緒，讓你停留在漸漸增強的樂段上。想先聽什麼就聽什麼，選出對你有用的作品，沒有用的可不予理會。

・巴哈：二聲部創意曲、平均律古鋼琴曲集、「法國組曲」、「英國組曲」、賦格

・韓德爾：《神劇》、《彌賽亞》、小號與管風琴的典禮音樂

・莫札特：交響曲、五首小提琴協奏曲、《魔笛》、《費加洛婚禮》、《狄托的仁慈》

・海頓：弦樂四重奏

・貝多芬：交響曲第一至九號、後期的弦樂四重奏、鋼琴奏鳴曲、小提琴協奏曲、鋼琴協奏曲《皇帝》

・布拉姆斯：交響曲第一至四號、鋼琴獨奏間奏曲、匈牙利舞曲

・舒伯特：歌曲

・舒曼：鋼琴作品、歌曲

・蕭邦：前奏曲、夜曲

・德弗乍克：第九號交響曲《新世界》、斯拉夫舞曲

・德布西：《海》、G小調弦樂四重奏

・史特拉汶斯基：《彼得洛希卡》、《火鳥》

・巴托克：《管弦樂協奏曲》、弦樂四重奏

「莫札特效應」

加州大學厄文分校認知發展系副教授羅雪（Frances H. Rauscher）及其同僚，於一九九三年發表的實驗報告中指出：大學生在操作折疊紙張表現空間智商的測驗中，聆聽莫札特音樂的學生，與完全不聽的，以及只是採取放鬆方式的兩組做比較，聆聽莫札特音樂的小組在空間智商上的表現較佳；雖然爲時短暫，但十分明顯。聽取了若干批評之後，羅雪博士重做一次實驗，並有了更進一步的發現。在這次實驗中，她使用了與第一次實驗相同的測試項目，但增加了聆聽的種類。參與實驗的七十九個大學生被分成三組，每一組聽不同的音樂，分別是：無聲、莫札特的雙鋼琴奏鳴曲（K. 448），這與上一次使用的是同一個作品，以及葛拉斯（Philip Glass）的極限主義作品。結果發現，只有聆聽莫札特那一組的空間智商分數出現明顯的增加。羅雪博士也發現：聆聽事先錄好的短篇故事或舞蹈音樂並不會使分數增加，因此，空間智商的增加似乎與莫札特或其他具相似特徵的複雜音樂有關。

有人對於這項所謂的「莫札特效應」提出質疑。研究音樂經驗的神經生物學的薩彥卓教授表示，對於聽莫札特的人在ＩＱ測驗上有較好表現的這個結果，我們不應過度重視，他說：「聽天才的音樂就能變成天才，這種說法很吸引人。而這種解釋來自於十九世紀以來歐美對於天才的迷戀。」不過，薩彥卓教授也強調，音樂可以從各方面增進人的智商，他說：「一個孩子在讀小提琴譜時，觸覺、視覺、聽覺及智力都受到挑戰。音樂之所以特殊，在於它需要孩子運用認知技巧，同時也訓練了孩子的認知技巧。」

爲什麼要聽古典樂

然而，爲什麼聽的必須是古典音樂呢？我跟很多人一樣喜歡搖滾樂和流行樂，也常用這類音樂來振奮心情。麻煩的是，搖滾流行樂很難讓聽者得到眞正的、持續的心情高潮。聽搖滾樂或流行樂，可能能讓人一下子覺得情緒高昂，但很快就衰退了。一個很棒的ＤＪ也許能讓你興奮二十分鐘，然後就停了。所以說，搖滾樂是音樂饗宴中的毒品。著有《音樂、大腦與銷魂》（*Music, the Brain, and Ecstasy*）的作家裘丹（Robert Jourdain）解釋說：「古典樂讓人感受到龐大的結構。就像漫畫書比不上莎士比亞作品一樣，滾石合唱團也比不上巴哈、莫札特或貝多芬。那麼，爲什麼要在意能不能理解更大的事物呢？很簡單，因爲這是人之所以爲人的智性精髓。」唯有發展完整、達到某種境界的音樂，才能擁有宏大而細膩的結構。這樣的音樂超越了時間，提供聽者一個「理解的結構」（structure of understanding）。而如果我們能讓這個理解的結構進入腦中，自然能生出滿足感。

音樂如何帶來樂趣呢？唯有我們內心學會了預期與感知這樣的大結構時，我們才能體會古典樂的深層樂趣。關鍵原則是「含意—實現」（implication-realization）模型，此模型製造出預期，一旦預期得到完成，即獲滿足。就此，貝多芬九號交響曲結尾的知名合唱是一個難忘的例子。

這個有關音樂歷程的「含意—實現」模型，係由賓州大學音樂系教授梅耶（Leonard B. Meyer）與納摩爾（Eugene Narmour）所發明。這個理論是一個關於音樂的心理學理論，旨在說明聽者對於「解決」（resolution）的期望，由含意、實現、緊張、解決來看音樂的建構方式。在《音樂、大腦與銷魂》中，裘丹把這種滿足比成性愛：「寫得好的音樂，不會急躁，而是慢慢地滿足期望。它調戲聽者，不斷引發期望，若有似無地滿足……以虛假的終止收回……如果這聽來像是做愛的良方，那是因爲，做出好的音樂和做愛，兩者牽涉到的神經系統的作用方式完全相同。」裘丹說，他會用「銷魂」這個詞是因爲，「當大腦能仿效龐大的結構時，銷魂感即會出現，因爲大腦發現了存在於世上的深層關係。當你到達更高層次的理解狀態時，銷魂感便會出現。而一旦發現你已超越了自己，你會感受到第二次震撼——你變得更聰明，擁有更多的明意識。一旦到達那樣的境界，我們會大感驚異。藝術經驗與日常經驗的不同處在於藝術能創造出一個環境，而這個環境能把大腦的理解層次推到日常生活中達不到的程度。」

所以，什麼樣的古典樂作品最有效呢？莫札特比其他作曲家受歡迎，因爲他有強烈而迷人的旋律，能讓人聽了神醉；但是，你不該只聽莫札特。我在這一章介紹了不少的作曲家，隨著你的音樂庫不斷擴展，你在每一個音樂家的作品中都能獲得滿足。專業音樂治療師會告訴你，沒有哪一種音樂風格特別具有治療效果，而一個典型的音樂治療課程與音樂類型的播放是依不同的個人而設計與選擇的。在爲本章挑選音樂類型時，我把主力放在古典音樂上，一來是因爲莫札特實驗的結果，二來是因爲在理性上，一般研究都表示，搖滾流行樂多半只有表面效果與聲響，古典樂則深厚得多。

學習欣賞古典樂

若想懂得欣賞不同的音樂風格，聆聽者需要發展出不同的策略。一旦培養出了辨認模式與組織的能力，就更能領略不同音樂風格的特色與精彩之處。就像認識了字、詞與片語之後，自然不會只注意到單字；所以，在聆聽音樂的過程中，你也能自然而然聽出例如全旋律或樂句等的組成。你能欣賞愈多種的模式與組織，就愈能領會各種的音樂。薩彥卓教授為有興趣培養聆聽能力的人列了以下作品，作為聽特定音樂元素的練習。

同步的旋律

- 巴哈：《賦格的藝術》、《平均律鋼琴集》
- 布拉姆斯：《德意志安魂曲》、第四號交響曲

形式勻稱的結構（音樂的大塊段落之間有相當程度的平衡）

- 貝多芬：第三號交響曲、《槌子奏鳴曲》
- 布魯克納：第七及第九號交響曲
- 舒伯特：C大調弦樂四重奏、交響曲第九號《偉大》（C大調）

豐富而複雜的和絃進展

- 西撒・法朗克（Cesar Franck）：D小調交響曲、管風琴合唱曲
- 拉赫曼尼諾夫：管弦樂《死之島》，鋼琴曲《素描練習曲》
- 蕭邦：鋼琴敍事曲

揉合管弦樂器聲音的作品

・理察・史特勞斯：管弦樂音詩（交響詩）
・馬勒：第三號及第八號交響曲
・拉威爾：芭蕾舞劇《達芬妮與克羅埃》

超越同時期古典樂調性的音樂

・德布西：鋼琴前奏曲
・荀白克：《古勒之歌》、《室內交響曲》一號
・巴爾托克：《管弦樂協奏曲》、弦樂曲《嬉遊曲》

帶有異國風味的音階與不尋常的和絃

・史特拉汶斯基：《火鳥》、《春之祭禮》
・史克里亞賓（Alexander Scriabin）：鋼琴曲

如果你現在聽的古典音樂不多，不妨先試試所謂的名曲選集。這類精選集涵蓋了鋼琴、弦樂四重奏、交響曲等不同類型的音樂。剛開始時，盡可能選擇列有愈多作曲家的愈好。如果你想總覽莫札特的音樂，也許可考慮買一張由坎培爾（Dan Campbell）蒐集的「莫札特效應」（The Mozart Effect）。

還有別的方法可以增進聆聽技巧。增進聆聽技巧叫做「耳朵訓練」。專家們同意，歌唱是訓練耳朵的一大重點。歌唱是最直接的音樂表達——報名歌唱訓練課程、加入合唱團、與朋友一起唱歌。你還可以去學樂器：學鋼琴，學習在鍵盤上即興彈奏，學習你想要學會聆聽的那項樂器。在我們家，我們為自己與孩子買了一架鋼琴。不是非得要學成名家才能懂得聆聽，即使是新手學徒，你也是在訓練你的耳朵。

增強效果

同時用幾種方法來增加療效。聽著音樂運動、深呼吸，或跟著音樂一起唱。

運動　只要選擇了恰當的節拍，運動會做得更有勁，運動的時間也能更久。因爲運動本就在提高你的心情，若再加上音樂，你將發現不可言喻的助益。令人振奮的音樂，是有氧舞蹈課程受歡迎的一大原因。

深呼吸　「如果你覺得焦慮，請跟著音樂的旋律呼吸，」狄莉歐博士說。「即使我們只是要求人們觀察自己的呼吸，還不到改變呼吸的階段，就已經能看到改變。這對於冥想狀態有增強效果。」

歌唱　「唱歌同時對身體與心理發生作用，」狄莉歐博士說。歌唱具有讓心情變好、認知力增加、焦慮感降低等作用。跟著偉大的作品一同歌唱，能讓人產生極大的共鳴，帶來非常舒服的感覺。我背下了莫札特《魔笛》中的薩拉斯托（Zarastro）獨唱部，好跟著音樂一起唱或是在淋浴時哼。

現在就行動，去買那一套你一直想要的音響。我的生活中隨手都有播放音樂的器材：床邊有收音機，運動時有CD放音機，車上也有音響，辦公室還有一組。旅行時別忘了帶隨身聽或小收音機。讓你的辦公室、家裡和臥房都有某種程度的音響設備。新推出的兩百片CD點唱式轉換匣是非常好的儲存工具。找個時間，好好兒聽一下音樂吧。

4

食物

以前，我在要出差之前的一個星期，會出現很糟的感覺：情緒緊繃、焦慮、疲倦，而且通常沒什麼工作效率。不過在多年對高能量飲食的研究之後，現在的我，即使在繁重的出差過程當中還是能有很棒的感覺。一九九八年的十月與十一月間，我在二十八天裡頭跑了六個國家，共計二十五個城市。然而，我不但感覺很好，還瘦了一些。只要能了解高能量飲食的原則，你就能爲你的每一天多出幾個小時的高工作效率，還能維持原來腰圍。

傳統看法認爲：多吃碳水化合物，以求表現。

本書認爲：每一餐都注意，吃出成功。

生理基礎

優質的營養，能讓負責情緒和警醒度的神經傳導素的製造加多。

代代相傳的觀念認爲，若想改變大腦的化學物質，需要動用到促進神經活動的藥物或精神藥物治療。不過現在出現了一項突破性的發現：研究人員發現，經由所吃的食物來提供製造腦中化學物質的材料，就能製造出腦中的化學物質——換言之，就能改變我們的心情。這項突破主要是由哈佛醫學院的麥克林教學醫院（McLean Hospital）的茱蒂絲・烏特曼（Judith Wurtman）醫師與麻省理工學院的理查・烏特曼（Richard Wurtman）博士所完成。

食物可以影響兩種主要的神經傳導素。首先，你可以吃蛋白質來提高警醒度。當蛋白質被消化時，一種叫做酪胺酸（tyrosine）的胺基酸會被血液吸收，送到大腦。酪胺酸是警覺神經素很重要的製造元素，而最有威力的警覺神經素是多巴胺(dopamine)。美國國家科學學院建議美國軍隊食用酪胺酸；轟炸機飛行員也使用酪胺酸來幫助保持警覺及在長時間的任務中保持清醒。由此可見酪胺酸的力量。不過，酪胺酸要進入大腦，必須先和其他胺基酸競爭一番。它最強勁的對手是碳水化合物中所含的一種胺基酸，白胺酸（tryptophan）。如果只食用蛋白質，或者是蛋白質與少量碳水化合物一起食用，酪胺酸很容易就能進入腦中。但若食用了太多的碳水化合物，那麼就會由白胺酸贏得這場進入大腦的競賽，連帶阻礙了酪胺酸進入大腦，以致掩蓋了蛋白質的作用。

其次，你可以吃大量的碳水化合物來達到平靜的效果。當胃腸在消化碳水化合物時，血液就吸收白胺酸，將之送到大腦。白胺酸是神經傳導素羥色胺(serotonin)的生成要素。羥色胺具有很強的抗沮喪、致平靜的效果。不過，太多的羥色胺可是會讓人想呼呼大睡的！

對策

「看時間吃東西」，對於精神狀態有著重要的影響。藥補不如食補。我們大多數人亂吃一通，然後才承擔後果。在我的《亞爾諾醫生的劃時代體重控制法》（*Dr. Bob Arnot's Revolutionary Weight Control Program*）書中，我鼓吹「先吃飽飲食法」（Feedforward Eating），要讀者以智慧來決定該在什麼時候吃什麼食物。

「先吃飽」指的是在例如開會、運動、午睡或需專注力的各種情況之前，先食用正確的食物，讓你的感覺和表現在稍後事件到來時可以完全符合你想要的狀態。採用「先吃飽飲食法」，是要根據你在一天裡的某個時刻、某個活動當中希望達到什麼樣的表現來計畫每一天。你吃的是能讓你出現自己想要的感覺的食物。「先吃飽飲食法」把食物群當作火藥庫，並以前瞻性的眼光把目標超前訂定。方法是要先確切了解自己想要在什麼時候有什麼樣的心情與表現。如此一來，你就能把身體狀況引導到你要的方向；譬如減重，你能在飢餓來臨前先砍掉飢餓感，並且讓你的腦子有很好的感覺，不會讓沮喪、焦慮、不安、想望或暴飲暴食毀掉你的飲食和一天心情。如果你想減重，該追求的感覺是少吃而不是挨餓。

一、碳水化合物

⊙不要攝取過量的碳水化合物。碳水化合物若吃得不對，會使精神狀態和警覺力變遲鈍。碳水化合物在一天裡的不同時間吃，在一個月裡的不同日子吃，會有很不一樣的影響。

⊙早上吃碳水化合物，很快能提高低血糖。如果你起床後的第一件事是運動的話，這一點就很重要。不過，早餐吃太多醣類但不運動，將會讓一整天的精神都處於遲緩狀態。

⊙午餐進食太多的碳水化合物會讓你無精打采。

⊙傍晚前吃碳水化合物，能把人體到了午後四點到五點會升到最高點的緊張情緒稍微舒緩，並能在警醒度降低的時候提供鎮靜效果。因此，在我們辦公室，一到下午四點，所有的製作人和記者都會去抓一把糖果來吃。

⊙夜間，正確且適量的碳水化合物能幫助你入睡。

什麼是正確的碳水化合物？凡是不會造成血液中的糖的濃度大幅增加的碳水化合物，也就是指，血糖指數低的碳水化合物。高血糖（或快速釋放）的碳水化合物分解快速，並快速增加血糖濃度，造成身體累積大量的葡萄糖。雖然說高血糖食品能讓身體迅速製造更多的羥色胺，但這樣是有代價的：你也許能很快感受到糖帶來的快感，但是碳水化合物帶來的高血糖濃度可能在隨後崩解時造成你心神不寧，甚至心情低落。我盡量不碰澱粉類和精煉穀類食物，免得吃了過多碳水化合物，也爲了控制體重。豆類、蔬菜、水果及高纖維食物，是對血糖濃度影響最低的碳水化合物。爲了幫助你選擇正確的碳水化合物，我在第三篇會把高、中、低葡萄糖的碳水化合物依序列出。（請參第269至271頁）

請記住：我們經常因爲情緒因素而吃東西，而最容易吃過量的，便是會刺激大腦中快樂部位的食物，譬如會快速釋放的碳水化合物。所謂爲情緒因素而吃的情況是像這樣：「我今天累慘了——我需要吃點冰淇淋。」或者：「我得熬夜唸書，我需要巧克力來提神，順便獎勵自己。」而其實鮪魚三明治夾波菜才會讓你更清醒，更能專心唸書！

雖然說有上述警告，然而碳水化合物在兩種情形下有其用處。第一是作爲經前症候群的治療。含糖的食物和飲料確實能減輕經前症候群的身心不適。不過，女性在每個月的這幾天裡，若改服用像是百憂解這類的藥物，也許可以少吃一點，避免發胖。第二，在劇烈的有氧運動之前或運動當中，飲用含有快速釋放的碳水化合物的飲品，能增強表現。在這些能帶來好表現的飲品中，加入百分之十五的蛋白質，能讓你在運動中保持淸醒與集中精神。在早晨運動前飲用特別有效。

二、蛋白質

蛋白質除了具有提振大腦的功能之外，還比碳水化合物或脂肪更快產生飽足感，且更有效用。難怪蛋白質能成爲最受減重者歡迎的食品。你可以有策略地使用蛋白質，讓你的一天都有好精神和好體能。方法如下：

⊙每一餐一開始時先吃一點蛋白質，滿足饑餓感，免得接下來吃太多。
⊙早晨及午餐多吃蛋白質，以增進工作效率。
⊙在運動的飲料中添加蛋白質補充品，以增加耐力和注意力。
⊙晚間，除非必須保持敏銳與警覺，否則不要食用蛋白質。

根據你每一天在不同的時刻想要有什麼感覺而定，排出一張蛋白質攝取量。每人所需的蛋白質當然會依體重與活動內容而有所差異。第三篇列出了對照表格，讓你判斷你的肢體活動程度及你應該攝取的蛋白質量；另外也列出了各種食物的蛋白質含量。（請參第273頁至278頁）

三、脂肪：吃Omega-3

「吃魚對大腦好」可不是說說罷了，而是有科學根據的。魚類含有的最重要脂肪叫做omega-3脂肪酸群（簡稱爲omega-3），只存在於寒冷海域的魚類身上，是海水魚用來隔離寒冷的保暖工具。人類的大腦組成約有百分之六十爲脂肪，而omega-3是公認的、能幫助大腦達到最佳表現的脂肪。著有《聰明脂肪》（*Smart Fats*）一書的西北大學應用生化與臨床營養系訪問教授舒密特（Michael A. Schmidt）博士說：「食用特定的必要脂肪酸能影響大腦的主要功能，進而造成整個人的改變。大腦不能自行製造必要脂肪酸，因此必須從食物中獲得。現代西方人飲食所攝取到的omega-3必要脂肪酸，比人類演化所需要的少很多。脂肪酸的種類和攝取的量，對於許多神經與精神疾病很重要，例如兒童的學習障礙、成人的憂鬱症和精神分裂症等等。初步的研究顯示，必要脂肪酸的攝取不足，很可能與社會暴力、攻擊性行爲及自殺有關。」

一九九八年九月，美國國家衛生署（NIH）贊助一個研究omega-3必要脂肪酸對精神疾病助益的研討會，以鼓勵對此新領域的臨床實驗。研究人員呈現出來的資料顯示，攝取omega-3脂肪酸使得精神分裂症及躁鬱症的麻煩症狀減少。國家衛生署的酒精濫用與酒精中毒研究署的賀博林（Joseph R. Hibbeln）醫師也證實，由於omega-3具有調節腦中羥色胺含量的能力，它很可能可以在重度憂鬱症的治療上扮演要角。賀博林醫師指出，人民食用較高數量的魚類（omega-3的來源之一）的國家，出現比較低的重度憂鬱症及產後憂鬱症的發生率。麥克林醫院及哈佛醫學院醫師史鐸（Andrew Stoll）發現，魚油補充品能明顯減少躁鬱症症狀的出現。他發現，在食物中加入 omega-3 的十四個躁鬱症患者當中，有十二人沒有出現躁症或鬱症症狀。對照組的十六名患者的飲食中，加入的不是 omega-3 而是一種無害的藥丸，結果沒有發病的只有六個人。不過，醫生們也提出警告說，病患應該維持原本的藥物治療，而且在食用脂肪酸前應先請示主治醫生。

omega-3 脂肪酸如何影響羥色胺的作用呢？ＥＰＡ (eicosapentaenoic acid) 及ＤＨＡ (docosahexaenoic acid) 這兩種 omega-3 脂肪酸，可能會改變羥色胺的作用，而能降低暴力、憂鬱甚至自殺行爲。我們已經知道，酪胺酸與白胺酸能增進多巴胺及羥色胺的產量，因此，攝取 omega-3 脂肪酸能因改變「大腦的突觸膜」，因而影響神經之間的訊號。這是什麼意思呢？神經傳導素自神經的末端釋放出來，經過一個狹窄的空間，把訊號傳給另一個神經。脂肪酸是構成神經末端的主要結構分子，而突觸的膜又在長鏈狀的脂肪酸特別多，尤其是花生四烯酸及稱爲ＤＨＡ的 omega-3 的脂肪中特別多。

證據顯示，在突觸的脂肪酸完整程度會影響神經接受器 (receptor) 的形狀；脂肪酸不夠或種類不對，接受器的形狀就會改變；假如接受器的形狀改變了，那麼神經傳導素就不容易結合。恢復脂肪酸的平衡，就能恢復神經接受器的形狀。有部分證據顯示，脂肪酸的多寡及比例會直接影響神經傳導素的多寡。脂肪酸也可能經由 eicosanoids 影響心情。這個有關神經傳導的認識，跟「魚的消耗量高的國家比較少見到憂鬱症」的觀察是一致的。

若沒有進一步的臨床試驗，你也許會不知如何理解。有一個要點是，西方國家攝取的魚油量明顯比十九世紀少很多，而在此同時，憂鬱症病歷增加了幾乎一百倍——然而，如此的關連還不足夠用來當作推薦吃魚油會增進智力表現的理由。不過研究人員認爲，魚油是最健康的脂肪，也可能在預防乳癌上扮演重要角色。英國與加拿大政府均訂出數字，建議國民每日起碼應該攝取多少魚油。我推薦大家攝取魚油，主要是著眼於魚油對健康的益處，其次是它對大腦的影響。最好常常吃魚。而若要服用魚油膠囊，請先與醫師討論。

書末工作簿中有一份表，列出了各種魚所含的 omega-3 脂肪酸含量。注意看EPA與DHA的部分，這兩種是魚類身上所含的最重要 omega-3 脂肪酸。（請參第279頁至281頁）

營養補充品

有許多補充品號稱能增強精神。但到目前爲止，還沒有足夠的資料能讓我篤定地推薦任何一種。咖啡因的確能提振精神於一時，而在前夜睡眠不佳的隔天早上來點咖啡因，也許有用。最有趣的新證據是關於銀杏（ginkgo biloba）的報導。資料顯示，銀杏的萃取液可能有助於增進老人癡呆症患者的記憶。波特蘭市奧瑞崗健康科學大學的醫師凱伊（Jeffrey Kaye）報告說，服用銀杏一百二十至一百四十毫克三到六個月的病患，在記憶及學習的測試上，比只吃安慰劑的病患多了百分之三的進步。這項報告刊載於一九九八年十一月的《神經學報導》（*Archives of Neurology*），綜合了四百二十四名病患的四項研究報告做出結論。有些專家認爲，中年人在有記憶衰退問題出現之前，食用銀杏可能會有預防效果——不過，至今尙無證據證明此說。如果你有服用 Coumadin 淸血劑或阿斯匹靈，或有出血疾病的話，未經醫師允許而服用銀杏，請謹愼爲之。

關於飲食的注意事項

一、早餐

有沒有想過，英國人爲什麼能建立一個日不落國？我喜歡說，那是因爲英國人的早餐吃得很豐盛。而英國後來的衰退，部分原因是很多英國人改吃歐洲式的單薄早餐！

⊙一下床，先從高蛋白質開始，並且至少隔二十分鐘再吃別的東西。優酪乳、魚、低脂或脫脂牛奶、豆漿、豆類蛋白飲品，或其他健康的綜合蛋白質奶粉，都能提供很高含量的蛋白質。其中，最有效力的是豆類蛋白飲品，因爲能提供最多的酪胺酸，並能最快建立起神經傳導素進而讓人淸醒。蛋也含有高蛋白質，用一、兩個蛋黃配四到六個蛋白，能得到最高的蛋白質和最少的附加膽固醇。蛋白能塡飽肚子而且脂肪量低。最近哈佛醫學院有一項報告指出，每天早餐吃一顆蛋並不會增加罹患心臟疾病或中風的危險。

⊙沐浴更衣後，吃主要的早餐。這應該要是一份能夠耐餓的大餐，能夠維持低血糖、提供大量能量，並讓你有飽足感。一杯半的高纖麥片、一份優酪乳或低脂／脫脂牛奶，加一份高纖維水果（例如哈密瓜），就是一份很棒的早餐。

⊙不妨喝一杯不含咖啡因的茶來代替咖啡。法國人推薦百里香茶；或喝中式的人蔘茶（但孕婦及高血壓患者不適）。如果你需要咖啡因，可以喝含咖啡因較少的紅茶。英式伯爵茶（Earl Grey）的紅茶含有能抗憂鬱的佛手柑精。

⊙不要吃高脂肪食物，譬如鹹肉培根、香腸、加了奶油的馬鈴薯泥。這些食物會把其他好食物對你大腦造成的好作用給延遲或分散掉。

⊙不要吃會讓血糖大幅上升或下降的食物，譬如甜甜圈、丹麥式奶酥餅或白土司。

⊙不要攝取太多咖啡因。如果你眞的很想喝，稍忍一忍，等早餐過後幾個小時，看看自己是不是眞的需要。你體內天生的警覺機制在你一起床就會出現，一頓豐盛的早餐會再強化這個警覺度。千萬少吃咖啡因加上可以迅速消化的碳水化合物，例如咖啡加白土司。雖然糖和咖啡因都能提供短暫的振奮效果，然而短暫振奮過後，胰島素及葡萄糖的起伏及最後不可避免的崩解，會讓你感覺比喝咖啡之前還要難受。如果你一整天都有攝取咖啡因和糖的習慣，長久下來可能會造成慢性疲勞、焦慮及情緒低落。

⊙不要不吃早餐：早上什麼都不吃，會使你的身體沒有機會提高警醒度，也沒有機會製造讓你有好感覺與好精神的神經傳導素。從體重控制的觀點來看，不吃早餐是一無所獲的。想盡情大吃的人，早餐是個好時機。有了正確的、分解慢的碳水化合物和蛋白質，你就能增加卡路里燃燒的速度。

二、上午的零食

⊙應該要吃水果。如果早餐時沒能吃到水果，這是最佳時機。半個哈蜜瓜能提供許多纖維值和抗氧化效果。

⊙不要吃純碳水化合物的零食。很多人這時候會吃純碳水化合物的零食，這會導致血糖降低、讓人感到愛睏。甜甜圈、肉桂麵包捲、土司都不適合當上午的零嘴。

三、午餐

⊙吃一頓高蛋白質的午餐。下午時間，精神警覺度的降低是漸進式的，而非急劇直落。爲了讓下降的程度更緩和，午餐應該要吃高含量的蛋白質。選擇蛋白質高但不過量的飲食。我最喜歡的午餐是吃一大塊魚，取其高蛋白質、低脂肪及omega-3對身體的益處。鮪魚（不加蛋黃醬）、火雞肉、雞肉是很好的替代選擇。

⊙吃含有高葉酸的綠色葉菜和豆類，它們還有附帶優點：可能可以減緩因老化而帶來的智力減退。

⊙如果你在下午常會覺得餓，不妨在午餐中加入豆類，除了能讓你吃飽外，還能有穩定血糖的作用。

⊙如果你茹素，那麼一頓穀類與豆類的組合餐，就能提供你所需的百分之九十五營養。如果豆類的份量多一些，特別是富含酪胺酸的黃豆，穀類的份量少一些，能獲得更多蛋白質的好處。我會以豆子當主食，配上新鮮蔬菜和一些菰米，這樣既能攝取碳水化合物又不會造成精神遲鈍，而會使新陳代謝稍稍加快，提供精力給你在下午時的體力活動。

⊙喝大量的水增加飽足感。

⊙如果想保持清醒，就不要吃澱粉類食物。麵條、馬鈴薯、麵包或甜食都會引起羥色胺快速釋放，引起精神疲勞。這種疲勞感會讓你想吃更多東西或喝更多咖啡，而其實這兩種衝動都是可以避免的，只要你不吃澱粉。

四、下午的零食

⊙如果你一直想吃碳水化合物，現在正是時候。下午三點到五點這段時間，你感覺坐不住，注意力也無法集中。

⊙試試看，每天在傍晚前的同一個時間，用微波爐煮一顆小蕃薯來吃。蕃薯是非常健康的食物，它會釋放羥色胺來抵抗對醣類的渴望。能喝一碗黑豆湯更好，因爲黑豆釋放糖的速度非常慢。如果你選擇了釋放速度慢的碳水化合物，請在你知道自己會想吃東西的時間之前，提早一段時間吃，才能滿足那種需求。這就能避免你嘴饞，覬覦同事的洋芋片。高纖維的麥片也可歸類爲健康零嘴。你放進嘴裡的零食每一口都應該要能一石多鳥：既能控制血糖、促進適當的大腦化學作用，還能滿足飢餓感。

⊙這種在一天的後半段吃碳水化合物的概念，是由烏特曼醫師提出的。她是麥克林醫院體重控制中心的主任。烏特曼的基本想法是提供足夠的碳水化合物，以提高大腦中的羥色胺，並在下午四點起到晚上睡前這一段許多人覺得最有壓力的時段，維持高比例的羥色胺。烏特曼醫師的病人喝一杯碳水化合物飲料來減輕壓力感，並降低因壓力感而生的吃東西的慾望。

五、晚餐

⊙吃高含量的碳水化合物。注意一天的營養均衡，不過要提高碳水化合物的比例，以製造羥色胺，讓你平靜，有利睡眠。鼓吹多吃碳水化合物的烏特曼醫師說，若要達到最大的效果，蛋白質的比例不妨盡量減少。

⊙請注意：澱粉可能會扼殺你晚間的工作效率，所以先確定你想要的是寧靜的夜晚才吃澱粉類食物。

⊙碳水化合物的量不宜多，以控制體重。

⊙不要吃重量級晚餐、油炸食物，或纖維質非常高的食物，這些食物都會讓消化系統在該睡覺的時間還忙個不停。

⊙不要吃很多高蛋白質食物，這可能會讓你睡不著。

⊙不要吃你比較不容易接受的食物，譬如麥子、大豆或乳製品。早餐食用這些食物也許完全沒問題，但晚上吃這類食品可能造成不舒服。

六、宵夜

我喜歡空腹睡覺。但如果你是那種喜歡在睡覺前吃點東西的人，以下是一些建議。

⊙吃分解緩慢的碳水化合物。

⊙如果你想吃一餐小型的正餐，切記要吃同時含有健康碳水化合物及少量蛋白質的「均衡餐」，譬如豆子和菰米。

⊙不要吃會快速釋放的碳水化合物。這對於在睡眠中沒有活動的你來說是最不利的。沒有人喜歡只有短期作用的安眠藥，讓人睡到半夜三點會忽然醒來盯著天花板看——假如你的血糖濃度在你睡眠中急劇下降，就會發生這樣的情況。

七、要不要規律吃三餐

在食物不多的以前，獵捕大型動物不易，加上下次再遇上美食的機率不可預期，於是人們漸漸養成了一餐能吃多少就盡量塞的習慣。吃了這麼一大餐後，我們的身體就會進入深度儲存模式，盡量留住每一滴卡路里。儲存模式其實就是囤積大量脂肪，偷走身體其他重要器官的血液，然後變得非常想睡覺。工業革命時期，爲了提高工人生產力，於是訂定了一餐吃一大份食物的定時用餐時間表。我們現在知道，讓血糖維持穩定，比讓血糖在一天裡面經歷幾次大起大落來得好。有兩種方法可以避免血糖的起起落落。

⊙第一種方法是攝取低脂肪、高蛋白質、易分解的纖維食物（如豆類）的一餐；如果你想維持一天進食三餐，這樣吃就能提供好幾小時的飽足感及穩定的血糖指數。

⊙另一種方法是少量多餐……這裡強調是「餐」，不是「零食」，而且，吃的是蛋白質與釋放速度慢的碳水化合物，而不是吃一袋讓你的血糖急速竄升又增加愛睏感的餅乾。

八、出差旅行時

我經常出差。比如一九九七年的春天，我在剛果待了一個月，接下來的三星期，爲了配合新書宣傳，每一天都跑一個不同的城市。而我爲了NBC的「日線」節目，一個月可能要出差兩、三個星期。我開始跑新聞沒多久，就發現了這份工作折騰人的地方：聯絡上的往來失誤、晚班飛行、熬夜、通宵拍攝、長時間坐在汽車裡。我一下子發現自己老覺得筋疲力竭。我儘管有運動的習慣，但我也會藉吃來提神——雖然我知道這樣做不應該。出差做電視節目，最麻煩的是你的「臉」必須看起來容光煥發，聲音必須鏗鏘有力……完全不能有藉口。我發現，甜食、過量飲食、咖啡因並不能提供幫助，鏡頭前的我看起來疲倦又緊張。

幸好，我很快就發現，加一點魚的素食餐可以解決一切麻煩，而且非常有效。首先，這種飲食立即帶來平靜。第二，它能消除掉疲勞感。第三，我的表現有了驚人的轉變。沒錯，那種隨緊張而來的能量不見了，而安靜的能量多了許多。這實在太神奇了。現在我在飛機上都點素食餐。我找到了美國頂呱呱的幾家天然食物超市，也知道怎麼樣能夠快速買到健康的食品。最重要的是，我發現這種平靜感讓我在任何旅館都睡得很好。還有，我的體重不會因爲出差而增加，反而減輕了一些。我有無窮的精力可以做採訪、運動、做新的研究，還寫完了這本書！

就我所知，低葡萄糖、加一點魚的素食餐所帶來的平靜效果，比任何強效藥物都好——而且，這樣的飲食法不會造成有害的副作用。這種飲食法能給予你最棒的心情控制，特別是對於焦慮及進食後感受到不舒服感的控制。你會發現，東亞、地中海、墨西哥「索諾藍」（Sonoran）式的烹飪是最健康的食物料理。最實際、有效率的工作飲食，其實和山頂洞人吃的東西差不多……也就是說，工作時要吃許多蛋白質、許多蔬菜水果，再加少許的穀類。

5

玩

在我們汲汲於找一份穩定工作和繳交房屋貸款的人生奮鬥上，我們忽視了人生的眞義：人生應該是一場好玩的遊戲。我們工作認眞得不得了，但是我們的玩法常常有點無趣：在沙灘看書、坐在豪華遊艇的甲板上、在萬頭鑽動的樂園裡排隊。本來是出門渡假的，但我們回來後總因吃太多、喝太多和動太少而覺得累。只工作沒有玩樂所造成的疲憊，以及錯誤的玩法所帶來的精神不濟，是最難振作起來的。遊樂應該要能恢復大腦的活力，讓我們能因此產生新的想法。

容我提出一個親身例子。我曾經因爲要尋求寫書的靈感，整個人懶洋洋窩在紐約市。但我後來決定，不再苦思，而去參加了到加拿大英屬哥倫比亞的高山滑雪團，是由直升機送上山頂的那種。我早上拼命滑雪，滑過了兩萬英呎的高山雪坡後，靈感出現了。然後我下午拼命寫。那個星期過去，我已經寫好了書的大綱。

好啦！不是叫你去送死——冒險不等於危險。重點是你做的事要能提供挑戰和刺激。

傳統看法認爲：小心點，用安全的方式玩！

本書認爲：不冒險的東西，不會好玩。

生理基礎

在大腦的「獎賞區」裡面，統領著一大群神經傳導素的是四個神經傳導素途徑：羥色胺、類鴉片活性太（內啡太）、τ 胺基丁酸（gamma amino butyric acid）、兒茶酚（多巴胺、去甲腎上腺素）。根據北德州大學生化科學系副研究教授，兼任途徑醫學基金會（Path Medical Foundation）科學主任的布倫（Kenneth Blum）博士表示，「伏隔核」（nucleus accumbens）被認爲是主要的「獎賞區」所在。他形容說，當這些神經傳導素運作正常，一波一波傳遞，經過順暢的「串聯」，最後的結果就是獎賞的感覺。在這道串聯的最末端，神經傳導素多巴胺被釋放在伏隔核上面，這就讓你有舒服的感覺。多巴胺運作的方式是與五個多巴胺接受器（或稱神經細胞區）互動，其中最重要的接受器是多巴胺D2接受器。

布倫博士與同事發現了一個與低多巴胺D2接受器有關的變易基因。帶有這個基因的人，擁有比較少的多巴胺D2接受器，於是多巴胺的功能也就因此變少。布倫博士把這種常見的、遺傳性的多巴胺D2接受器功能減低的特徵，稱爲「獎賞缺乏症候群」，這是大腦「獎賞串聯」的功能停止了運轉的結果。布倫博士等人也發現，三分之一的美國人帶有這個低功能多巴胺的基因！可是，由於人人都需要多巴胺帶來愉悅感及抵抗壓力，所以，患有「獎賞缺乏症候群」的人往往會尋求其他方式來啓動或刺激神經細胞多巴胺的釋放，而常常是用不健康的、會上癮的物質和行爲，包括酗酒、服用古柯鹼、海洛英、尼古丁、葡萄糖、病態賭博與性活動、病態的暴力行爲。既然多巴胺負責的是好比摸到了天堂那樣的快感，我要建議各位一個能夠使多巴胺釋放，也安全得許多的方法——用力玩。

在休息時間從事一個能夠帶來挑戰和刺激感的活動吧。生命中應該要有某種眞實形式的快感。在今日的美國，許多人不知有多少時間是處在心情的谷底。有些心理學家甚至相信，人的自然狀態就是憂鬱的。愈來愈少人在談喜樂和快感。我們已經成爲一個憂鬱又焦慮的國家。想從深淵走出來，通常需要一劑強心針。我小時候，有一天早上從教堂出來後，低著頭走路，眼睛搜尋著脚下的每一吋土地。我父親開口問我：「你爲什麼看地上？」我答說：「看有沒有別人掉的零錢。」我永遠不會忘記他說的話，他說：「你看地上也許會找到一毛錢，但是如果你看天上，你可能會碰上一個可以賺一百萬的想法。」

對策

重點一：接受新挑戰。去學你從來沒做過的事……你夢想過的事。去學高山滑雪、開飛機、泛舟、學習一個外國語或樂器。在選擇能讓你感興趣和覺得興奮的活動時，挑一個可以同時提供其他收穫的活動——你喜歡、也能把你的心情提升到新境界的活動。

運動是個很不錯的選擇，因爲肢體活動在控制心情上扮演了很重要的角色，所以你同時有了兩種收穫。

歌唱是另外一種很棒的選擇，因爲這代表你能積極進行音樂治療。唱歌的時候，全神貫注在旋律上面，並且放懷表演……唱給家人聽、在合唱團或是在演唱會上表演。我去年學了歌劇演唱，這是全世界最棒的練習演講聲音的方式，也是增進心情的絕佳方法。不過，也許你跟我一樣，打死都不肯在公開場合唱歌。你可能在追溯族譜、找尋一本絕版書、學習歷史等事情當中找到極樂——不管你選的是什麼，都要追求那份極樂的感覺。

能不能學得好，要看有沒有好老師。我們對於教學者之所以存有不好的印象，是因爲「教練」兩字總讓人聯想到學校裡那些脾氣怪又打混的體育老師；但萬一付錢的人是你，你就能主導你的學習過程。找一個能讓你對自己有好感的人。我發現，有才華、心思細密、因材施教的教學是非常棒的心理治療。

重點二：如果你選擇的是需要激烈體力的活動，**請務必在事前有萬全的準備**。我所鼓吹的是明智的冒險，而非預謀式的自殺。對於我有些朋友來說，能讓他們心動的活動是穿著雪橇從直升機跳到高山的雪坡，卻不是從橋上縱身而躍的高空彈跳！冒險和追求刺激是不同的；冒險是事先經過評量，而非盲目的莽撞行動。我鼓勵的是接受有風險的挑戰，但請先學得相當的技巧，才能把出意外的機率減到最低，這樣，當你成功時，也會有最高等級的快樂。

以下是一個做了充分準備的例子。高山滑雪，聽來像是個瘋狂之舉，但在我去年的英屬哥倫比亞之行時，我看到了一群外表看來像是家庭主婦的日本婦女。她們的模樣謹慎而保守，甚至還有些退縮。但她們並不是隨便就從山頭跳下。她們事先接受了一週的滑雪課程，學習正確的姿勢與轉彎動作。她們租用了特製的雪橇。到了要從陡峭山頂跳下雪坡的時刻，她們已具備了所需的體能、裝備、技巧和信心。那當然是件很刺激的事，但這裡頭沒有莽撞，危險度也因而減到最低。一天下來，浮在她們臉上的神采是快樂，是成就感。我曾經和一群來自夏威夷的世界盃衝浪好手一起滑雪。這些衝浪手學了滑雪板，準備來英屬哥倫比亞挑戰一座一萬一千英呎高的山。直升機沒辦法在宛如刀鋒的山脊上降落。於是，在直升機低旋時，我們就抓了自己的裝備，跳下直升機，並在雪坡上站穩腳步。我按下隨身聽裡的〈別爲我哭泣，阿根廷〉電影主題曲，朝著三千英呎高的五十度斜坡滑下。我抵達山底時，抬頭看著馳騁在雪板上、揚起大片翻飛白雪的衝浪手。哇，酷啊！

重點三：調整想法。假使你認爲，所有的刺激都是四肢簡單不用大腦的享樂行爲，請再想一想。我認識一個活力四射、很有意思的一群人，從事的是國際救援行動，一項需要冒大險的事業。我曾經隨同美國救援隊前往盧安達救援難民，以這一趟從紐約機場飛到薩伊的路程來說，首先要注意後勤工作：安排飛機、確定醫藥食品上了機、取得複雜的國際飛行領空權……都要在短得嚇人的時間內完成。然後，飛到一個局勢不穩的地區有種種危險：那兒有法國軍隊、殺人狂、反叛軍，以及一個高度軍事戒備的憤怒政府。但當飛機抵達，把補給品送到難民手中時，那場面的興奮與激動，絕對不輸於任何運動競技場上的勝利。這些滿心熱誠的專業人士當然不是爲了刺激而做，但他們的工作本身就具備了冒險與挑戰的特性。

重點四：冒險，及其伴隨而來的獎賞，其實有著各種形式和樣貌。嘗試表演單人脫口秀、決定結婚、參加歌唱課程，都是能撼動你整個人、讓你血液沸騰的冒險。能不能讓你覺得是在冒險，要看你覺不覺得它具有挑戰性，帶一點恐怖感，但又讓你在做的時候覺得刺激……這可以是任何事情。

重點五：如果你在你所工作的那一行沒有取到成功，那麼，你就**更需要在其他地方感受到成功了**。運動、音樂、藝術、某一項嗜好，什麼都好，什麼都可以。我國中的時候讀書讀得很辛苦，學校課業很重，同學競爭得很厲害，我有嚴重的落後感。但是我在吹小喇叭這件事上得到了成功的感覺。在兩年內，我就成爲新英格蘭室內管絃樂團的第一小號手。那種成功的感覺一直跟著我，並且轉換成其他方面的成功，因爲我嘗過了成功的滋味。跟我一起長大的朋友當中，有冠軍槳手和花式溜冰冠軍，他們在水上、冰上的訓練與成功，也轉換成在學術方面的成功。

假如你很用力玩，你會體驗到生命中的高潮；你會明白：在專業、社交、家庭生活中，你該把重心放在哪裡。你在用力玩的時候所體驗到的成功，會爲你的工作和生活注入活力與喜悅，也會給你信心和樂觀，完成你生命中的大業。

6

運動

加州海岸山脈。高度兩千英呎，上坡的山路有十英哩長。在我前面，世界冠軍划槳手郭根、奧林匹克槳手凱辛（Dick Cashin），以及滑雪速度賽七度獲得世界冠軍的偉柏（Franz Weber）等三人，快速騎著單車前進。我的心跳速度超過每分鐘一百七十四次，身體提出警告。我的呼吸又急又深又用力，大夥兒爲我的呼吸聲取了個綽號：「電鋸」。我的輕速鈦製 Vortex 單車，在我用力換到最高檔時嘎吱嘎吱作響。我跟他們漸行漸遠。我拼命用力踩，明知已經到達自己的極限，仍然在試探自己還有多少能耐可以跟上他們。

最後，我到了，比其他人晚了好幾分鐘才抵達山頂，但是沒關係，我起碼做到了我的身體所能允許的最好程度。我整個人往後躺在背包上，感覺好極了，好多年沒有這麼好的感覺。曾幾何時，我被自己的懶散個性給害了……跑一段讓心跳速度增強的慢跑，但不用太快，漸漸就愈跑距離愈短；但是，在加州海岸衝刺到一百二十英哩、來到八千英呎高的垂直距離，我把自己的心跳速率衝到了最高點；這二者之間眞是天壤之別。我做了一個決定：我要訓練自己，讓自己達到最佳體能狀態——擁有精神能量、整體健康和動力。

傳統看法認爲：運動一點點，活到百歲遠。

本書認爲：愈用力愈好。

生理基礎

運動，是創造精神能量的一枚神奇子彈。運動的直接效應就是使精神變好，所以在一天裡的任何低落時刻，運動都可以讓你恢復精神。其次，規律的運動習慣可以提高你整體的心情及增強你的樂觀感受。最後，運動可以減輕那些使你精神變差的緊張與壓力，而且是最好、最方便的方法。

規律的運動能提高荷爾蒙腎上腺素、甲腎上腺素及可體松的含量。人在沮喪的時候，這幾種荷爾蒙的釋出都會變少，所以研究人員認為，這些荷爾蒙對於運動帶給心情的正面效果有重大的影響。運動也會增加大腦的血液流量，因此能讓更多的氧氣進入腦中，而這正是增進精神能量的關鍵，特別是在早上剛起床或是午睡過後。

心情不好的時候，運動能增進你的自尊，並且能讓你不去想到不好的問題，所以能使你放鬆，能做出更清楚的思考。甚至，有一種快感是與運動相連結的——那些從賽跑中得到「快感」的選手們如此說。許多研究都把從運動而來的正面心情與內啡太的製造相連結，不過，尚無明確的證據證明兩者的關係。美國廣播公司的總裁墨非多年來都以運動來維持精力和成功：「我一直維持運動的習慣。我在午餐時間打壁球或游泳。我花半個小時打壁球，游泳則二十分鐘。我經常在午餐時間或下班後的六點或六點半運動。」

以運動來增加精神能量

運動有兩類的效用：第一，戰術式（短期）的效果，可以挽救很糟糕的一天；第二，策略性（長期）的效果，從長期運動獲得好處。

一、戰術式的能量增進法

研究人員發現，做一點運動，能把心理狀態從負面情緒轉變成比較正面，而且在運動結束後，這種正面的感覺還會持續好幾個鐘頭。每當我碰到必須搭夜班飛機，然後一下飛機就得馬上工作的情況時，只要狠狠踩一小時的跑步機就能恢復精神。有時候，做一件小事就能讓心情為之丕變。突如其來的焦慮或緊急事件，最能呈現出「狀況」二字的原貌。想像一下，你開車在一條悠靜的鄉間小路。此時你的心理狀態是放鬆、平靜的。這時，不知從哪裡冒出一隻鹿，你趕緊一扭方向盤，心情立刻轉變成焦慮——一種害怕撞上動物的恐懼。等你避開了鹿，你的心理狀態又變了，感到十分安心，因為你平安渡過了這樁突發事件。而這整個過程可能不到一分鐘的時間。與其被一天裡面的情緒變化左右，不如由自己主動改變心情。譬如當你處在一個高壓力的情況中時，做個二十分鐘的激烈運動，就能使你平靜下來。

在一九七一年到九六年間擔任波士頓大學校長的席爾伯（John Silber）博士，長久以來對於戰術式的運動效果很有信心：「我喜歡游泳，但是我後院裡沒有游泳池。我有一台踏步機、一輛單車和重五磅的啞鈴，我幾乎每天都會用到。我先做仰臥起坐，再舉啞鈴。然後踩二十分鐘的踏步機，讓心跳達到一百

五十、六十，然後騎四分鐘腳踏車，全部加起來三十分鐘。我發現，運動能讓人更有精神。當你覺得沒精神而想睡覺時，不妨做做運動。做完運動，你就會覺得精神來了。」

二、策略性的能量增進法

我們成年人很少眞心相信自己的個性是可以改變的，因爲個人特質普遍被認爲是個性中不變的部分。因此，如果知道自己確實能夠改變個性，總是讓人驚訝！好消息是，只要實行長期的運動計畫，人的心理特徵就眞的能得到改變，這在長期的心理追蹤研究上已有實案記載，不過，這必須是每天都做運動才有用。我深信，我和我許多朋友之所以都很有活力，唯一理由是因爲我們都有良好的運動習慣。從所有針對日常心情所做的研究（不是焦慮或憂鬱症）來看，做運動的確會使心情變好。

運動對於心情所造成的效應

對於壞心情有免疫力　威斯康辛大學麥迪遜校區的運動學系教授摩根（William Morgan）表示，醫界普遍認爲，身體的體適能愈好，心理就愈健康！運動能防止沮喪、焦慮等等心理上的疾病。對於中度的焦慮症及憂鬱症病患而言，定期的運動計畫（肌力、彈性或心肺功能）跟心理諮商有同樣的助益。有一些針對動物所做的研究顯示，運動和抗憂鬱藥物在改變大腦中神經傳導素時的方式是一樣的。

憂鬱症　針對憂鬱症的研究當中，現在已經有人長期觀察如何用運動來減輕症狀。很多人所患的憂鬱症是很容易治癒的，而除了藥物與心理治療外，運動成爲一項被醫師認可的治療方式，而且副作用比較少，費用也較低。德州達拉斯的庫柏有氧運動研究學院在進行一項研究計畫，單單只用運動（激烈程度不一）來當作對輕微至中度憂鬱症的治療法。著有《百憂解之外》（*Beyond Prozac*）的心理治療醫師諾登（Michael Norden）表示，在提高羥色胺的作用方面，運動很明顯有用。他說：「跑步機踩九十分鐘，能讓大腦中的羥色胺增加兩倍。」

焦慮　一般看法認爲，患有焦慮症的患者不宜做劇烈運動，以避免突然出現恐慌；但最近的研究顯示出不同的看法，患有焦慮症但沒有肢體問題（譬如僧帽瓣脫垂）的病患，還是能從運動計畫中得到心理的幫助。

壓力　有很好的證據顯示運動能減輕壓力，而許多人也都藉由運動來減低壓力感。

自我形象　即使你的年齡只是四十歲上下，你可能已感覺到歲月無情的腳步。小朋友們對你視而不見；在自己的眼中你似乎也變得不像你自己，這多少會傷害你的自尊。對抗歲月的最好方法是：要表現得比自己實際年齡年輕。波爾州立大學（Ball State University）運動生理系教授科斯提爾（David Costill）證明，一個五十歲的人在肌肉力量及心肺功能測量上，可以比一個不愛動的二十五歲年輕人表現更好。所以，只要做運動，你到了五十歲，也可能維持二十歲時的心肺強度。

對策

選擇一種合適的運動

⊙有規律、有節奏、副作用少的運動——譬如走路、騎單車、划船、越野滑雪、爬山和爬樓梯——能讓你立刻有精神。我發現，**能用最多力氣去做的運動，以及花費時間最久的運動，是最好的運動**。基於這個理由，我喜歡的是對於骨頭、關節、韌帶的壓力最少，但對主要肌肉群有最大作用的運動。騎單車就是一個最棒的例子。騎在腳踏車上時，你感覺可以一直騎下去，而你事實上可以一次騎好幾個小時，也可以忽然來個疾行，而且甚至不會有任何高影響力運動(如有氧舞蹈)所引起的運動傷害。你隨時能使用階梯機(Stair machines)、越野滑雪機和踏步機這類器具來運動，平常用來減輕壓力，特別是中午到下午時可用來提振精神。

如果你的工作使得你必須採取非常積極的態度、甚至要處於備戰狀態，或者是必須時時抗爭，也許你可以嘗試用拳擊來當發洩。當你眞的想發火的時候，激烈的運動能夠提升精神力量和決心來完成那份工作。我在面臨棘手的事情時，我會去做時間長而且劇烈的健身運動，來刺激我去搞定那件事情。

⊙在運動的強度方面，我發現，激烈的運動比緩和的運動更能減輕我一天的緊張。激烈的運動也是控制體重的最好方法，因爲它能讓你的身體在運動過後的幾個小時都還在燃燒脂肪。然而大多數的人都不是受過專業訓練的運動員，持續做劇烈運動是很困難的事，那麼就休息一段時間再繼續運動。

⊙至於間隔，在以前是頂尖專業運動員的專利，如今則成爲運動訓練的祕訣。再沒有其他任何東西能這麼快地改變你的心情了。間隔一段時間去做運動，是一個能在短時間內快速「燒掉」焦慮與壓力的方法。做法是必須在短時間內全部豁出去。我喜歡做兩分鐘高激烈度的豁出去運動，再加幾分鐘的低激烈度的運動，這樣便能建立速度與力量，並帶來高昂的心情，而且不用長時間賣命。

有氧健身時的間隔與休息，有另外一項很重要的優點：間隔是在你健身運動後燃燒大量脂肪最好的方式。研究顯示，在做了激烈的健身運動後，脂肪燃燒會增加到最高的程度，而且會持續好幾個小時繼續燃燒。溜出辦公室踩個二十分鐘的階梯機。即使你的身體是疲倦的，還是能完整保有十分鐘的時間。另外，我還喜歡用間隔式的運動來喚起新陳代謝，這是戰勝時差的好方法。階梯機和騎單車都是能做間隔訓練而且不會受傷的好方法。

一個重要的附註：間隔式的做激烈運動，需要具備強健的韌帶、肌腱、關節及肌肉。這表示你得有一個良好的基礎訓練才能嘗試。做這方面的訓練是爲了強化你的身體，並且避免運動傷害。心臟是你最重要的肌肉，所以你在考慮做間隔運動前要先和醫師商量，如果你超過五十歲，或者有心臟方面的問題，可以順便詢問醫師，先做運動壓力測試。

深呼吸

布魯克林大學的博格（Bonnie G. Berger）與歐文（David R. Owen），在一九九二年發表了一項針對不同形式的運動對心情的影響所做的研究指出，影響心情的重要因素，也許是腹部的呼吸而非運動中的有氧成分。這份報告指出，「瑜珈氣功（Hatha yoga）減低壓力的好處，跟慢跑及游泳的好處接近。」瑜珈氣功是瑜珈的一種肢體訓練，用不同的體位姿勢來平衡、伸展及呼吸，以增強柔軟度，並訓練平素不常用到的肌肉。練習瑜珈氣功可強化與伸展因壓力或姿勢不良而產生收縮的主要肌肉群。

博格與歐文的研究報告說，瑜珈氣功符合八項壓力減低標準當中的七項，唯一沒達到的是它不能製造氧，不屬於有氧運動。而游泳則能達到全部八項的要求。游泳與做瑜珈氣功的人都表示有顯著的即時效益，並且減少了生氣、混亂、緊張及沮喪的情緒。博格與歐文由此得到一項結論：由於瑜珈氣功不是一種有氧的運動，因而帶來益處的是其中的腹部呼吸部分，而不是有氧的部分。瑜珈所採用的規律隔膜呼吸，也是增進心情、調節能力的有氧訓練的副產品；所以，運動不單單要能造氧，也應該納入靜坐技巧中所具有的腹部呼吸法。

我自己選擇的是中國的古老治療法：氣功。它結合了長時段的深呼吸、手臂與身體的慢動作及靜坐。每當我在機場等候、在陌生環境中試圖入睡，或在大型訪問之前等等任何需要放鬆的時刻，我都會練氣功。我發現這是一個可以增進能量的好方法，而且在一天裡的任何時間都能進行，進而創造出理想的狀態：平靜的能量。我學習氣功的地方是位於加州聖塔克魯茲一個叫做佛教醫學園（Land of Medicine Buddha）的地方。很多大城市都能找到教授氣功的課程，你上個一、兩天課就可以學到許多技巧。

重量訓練

重量訓練是個很不錯的減輕壓力的方法，尤其在消除脖子、肩膀因爲對抗壓力而生的僵硬痠痛等症狀特別有用。能夠影響三角肌與斜方肌的運動，就能對抗壓力。最好的訓練方式是舉中等重量，重複十二到十八次，這樣就能讓你覺得自己的肌肉具有硬度和強度。最後兩次一定要做得確實，才能達到最佳效用。不要一口氣做太多重量訓練，以減輕肌肉痠痛感。我喜歡在做重量訓練時也做一系列的深呼吸練習。試著以混合練習三頭肌和扶地挺身來更進一步鍛鍊你的呼吸。

關於合適的運動量

健身的時間愈長、強度愈強，所得到的好處愈多。有些專家相信，一週要做四個小時的激烈運動，才能完全得到運動對身體健康的好處。你可能要問：「那做多少才是大家在說的中等強度？能不能舉個實際數字？」不論你要選擇的是中等或高等體適能運動計畫，你都必須先了解它代表的意思。體適能（fitness）是一個連續變數——可以是高、很高，或極高的體適能，不過還是能將之分成下述兩類：

中等體適能　如果你每個星期跑步幾次，每一次跑個幾公里，那你就具有中等的體適能。三十分鐘的快步走也能讓你跳出低體適能，進到中體適能的層次。快步走是指在十五到二十分鐘內走完一公里半。

一個均衡的中體適能計畫至少應該包括：(a)每天快步走三十分鐘。你可以每次十分鐘，分三次來做；(b)每週兩到三次的重量訓練和肢體伸展，或是其他能訓練肌肉的活動。

高體適能　想要具有高等的體能，就必須每天做超過三十分鐘的運動——可以是跑步或慢跑三十分鐘以上，或是每天做中等激烈程度的運動三十分鐘以上。庫柏有氧研究學院的布萊爾（Steven Blair）博士說，每個星期跑三十到八十公里的距離，就算是高體適能。雖然說跑這麼多的人比較可能發生骨頭和關節的傷害，免疫系統也比較可能受到傷害，但每週跑六十到八十公里並不會有提早死亡的危險。如果你不想跑步，而改以騎單車、溜冰、越野滑雪、游泳、爬山或快步走來代替，那麼你每天的運動量就需要一個小時。

如果你決定超越中等體適能，請先讓運動傷害外科的醫師檢查一下，確定你不會因爲太劇烈的運動而傷害到韌帶、關節與肌腱。如果你有心臟疾病的危險因子或年紀超過五十歲，那麼在進行任何激烈的運動計畫以前都要請教你的心臟醫師。

運動的環境

有沒有想過，爲什麼在室內總是比較難做運動？哈特（Jane Harte）與艾佛特（George Eifert）一九九五年所發表的一項關於運動與環境的研究發現，在室外運動的人，容易在運動中及運動後表現出最正面的情緒，而在室內運動且無外在刺激的人，顯示出最低的正面效果；事實上，室內組在運動後呈現出負面的情緒。這份研究報告指出，在沒有外界刺激的室內環境跑步的人，很自然會把注意力集中在運動本身和自己身體對運動的反應上面；跑步者注意到自己沈重的呼吸聲和伴隨而來的不適感，使運動這件事變得無趣，導致運動的時間縮短，造成負面的情緒感受。

環境甚至會影響跑步者的生理狀態：室內組與室外組的尿液採樣顯示，各組出現不同程度的腎上腺素、非腎上腺素及可體松分泌量。前述的博格與歐文對游泳與瑜珈的研究中也發現，不舒服的運動環境會對心情有負面影響；例如游泳者在攝氏四十度的水中運動時，心情容易變壞。如果你只能在室內運動——這是很多人唯一的選擇——你可以藉由和一群人一起運動來提高心情，或加入音樂來增加活力，或者找個有很多窗戶、能看到外面的健身房。

運動過量

在今日關於運動的說法當中最不實的一個，就是對於運動過度所提出的警告。美國是全世界擁有最多身材不合格、最多體重過重者的國家，全國只有百分之十二的人達到體育醫學大學所建議的運動量。而有多少美國人是運動過度呢？據庫柏有氧研究學院的鄧恩（Andrea Dunn）博士估計，少於千分之一。如果你正是屬於這千分之一，運動就可能有反效果。「當頂級運動員訓練過度的時候，會開始出現類似臨床憂鬱症的徵狀。」鄧恩博士表示。

芬蘭的奧林匹克運動研究學院的教授暨資深研究員漢寧(Yuri Hanin)博士說，如果運動的強度非常高，在運動中的焦慮感就會增加。原因如下：在激烈運動的過程中，當正面的感覺消失而資源又無從取得時，爲了維持能量，有時候運動員會採用負面感覺的方式來繼續。漢寧教授發現，像是五十公里的滑雪比賽，到了末段，選手們爲了轉移、延遲並對抗疲勞感，自然就產生了負面情緒，或使用負面情緒來完成比賽。而長距離賽跑選手、自行車賽選手、三項全能運動賽選手在比賽結束時都可能會有類似的負面情緒。我發現，十公里賽跑、四十英哩自行車賽，或行程短的三項全能賽也許能提升我的心情，但是馬拉松賽、一百英哩的自行車賽或鐵人競賽卻可能讓我心情變糟。所以我現在才會傾向於短程競賽。根據漢寧教授的解釋，像憤怒、緊張或不滿等負面情緒能夠提振活力；反而是正面情緒不具有提振力。

不過，讀者們請記得，漢寧教授研究的對象是跑五十公里競賽的專業運動員。如果你的體能已經達到這種程度，我會向你說聲「恭喜」，因爲你已經具備了控制心情的體適能，並且能夠把情緒控制自如！但對我們這些不是跑五十公里競賽的人來說，激烈的運動可以用來排除負面情緒，讓我們在運動後有好心情。不論你是正要提起勁兒來開始運動，或是準備衝刺到更高階段的體適能，記住，當你的成功當中包括了良好的體適能時，你就愈會想擁抱它。

7

服裝

没錯，這是個隨意穿的年代。但是請誠實問自己：當你穿得隨便時，你是眞的感覺很好，還是覺得自己沒那麼好？

我曾有一回與一群孟加拉難民站在伊拉克的沙漠裡。這群可憐的人失去了一切：他們的房子、工作、金錢、家人。海珊侵略科威特，逼得他們逃離家園，困在沙漠裡。但是他們每一個人都穿著整齊，精神飽滿，鬍子刮得很乾淨，衣服也是潔淨無縐褶。

也許你認爲花時間打扮是浪費時間，但是你要知道，低自尊的第一個跡象就是穿著隨便。如果你願意花時間與心力來打扮自己，這對於心情有顯著的效果。就是因爲這樣，穿衣、刮鬍子或化妝，以及用心選擇衣服的這一整套儀式，能夠帶來極大的不同。所以，專心享受你早晨的梳理打扮吧，它不是浪費時間，卻有治療功能。

心理學家佛洛依德曾說，追求生理的愉悅並非只爲了滿足肉體需求，而是一種建立與增進自尊的方法。有人會覺得，周遭的環境和衣著如果怡人，並能愉悅地渡過每一天，就能讓人對自己有更正面的好感。

傳統看法認爲：人要衣裝，佛要金裝。

本書認爲：外表創造自尊，自尊帶來成功。

生理基礎

你會不會有這種時候：「反正今天沒有重要的事，所以就隨便穿一條綯褲子和昨天穿過的襯衫吧。」而有多少次，你隨便穿的時候卻遇到要開一個重要的會議？更重要的是：你隨便穿，就表示你決定了不會有重要的事情發生。有些公司是先認爲星期五不會發生重要的事情，才把那一天用來當作穿便服的日子。

生活中，我們眞正可以掌控的事情非常少；在這些很少很少的事情當中，我們的外表是其中一項。這聽起來也許是小事，但事實是，當我們不去管我們外表的時候，我們也就放棄了一個掌控自己命運的機會……我們就向悲觀屈服了。前述的孟加拉難民讓全球的電視新聞媒體留下深刻印象，很快地，他們就獲得了其他難民所沒有的待遇：一艘大型的俄羅斯安托那夫（Antonov）飛機來載他們回家。

即使你是一個非常樸素的人，你還是要有很好的外表。德蕾莎修女穿的衣服也都非常簡單，但她總是看起來像個大明星。你也應當如此。

穿著合宜，能讓你向外界傳達出一致的訊息。你不希望穿的是一個樣，說起話來卻是另外一個樣；或是你的感覺這樣，穿出來的卻是那樣。我的一個心理治療師朋友跟我說過一個三十九歲病患的故事。那名女子一頭染壞了的頭髮，臉上的妝化得很糟，身上衣著只有「邋遢」二字可以形容。那名女子不斷向醫師抱怨，說她經歷了一段又一段糟糕的感情關係。心理治療師好想告訴她說：麻煩你振作起來，去照照鏡子。但是專業的素養讓他不能這麼說。那名女子後來決定參加激發課程，在老師還沒有對全班學員講話之前，就先對著她說：「看看妳的妝，糟透了！妳的髮型也很難看，妳的服裝讓你看起來真像妓女。」儘管這些話聽起來非常歧視女性，她畢竟聽進去了。她去找了專業的美髮師重染頭髮，也學了不把那麼誇張的顏色放在臉上，並買了高雅的新衣服。她整個人改變了，人際關係有了進展，也有了更好的新工作。其實，她需要的只是讓自己對自己有好印象，同時也需要別人對她有好印象。她學會了這一課。

聖羅蘭建立起了歷史上最大的時裝工業。這個品牌的訊息很簡單：「流行」和「風格」是不一樣的；風格關乎個人，比較持久，而流行只與當時相關。如果想追求流行，只要出門購買當季最流行的服裝，但是這類服裝無法持久。假使你希望你的服裝能帶給你真正的滿足感和自信，就必須建立自己的風格。所以，先看看你自己，再看看你的衣櫃，然後穿出成功。

對策

關鍵在於衣服要搭配身材來穿。「穿得好就跟蓋房子一樣。你需要合適的基礎來蓋這個房子。」服裝造型師佛萊薩（Alan Flusser）這麼說。他設計了男星麥可・道格拉斯在電影《華爾街風雲》中的造型，也是暢銷作家，著有《風格與男人》（*Style and the Man*）、《男人與衣服》（*Clothes and the Man*）及《血拼全世界》（*Shopping around the World*）等書。佛萊薩開設課程，教導男性如何搭配適合自己體型的西裝外套、領帶、襯衫、襪子、鞋子及手巾。如果你懂得怎麼做到上述各項，你就有了建立個人風格的基礎，也就能夠超越時尚的複雜與牽絆。「購買流行時尚物品的大衆當中，有百分之九十八的人不懂得搭配之道。」亞倫說，「（許多男女）不知道自己該穿什麼長度的外套，也不知道袖子多長才恰當，穿什麼顏色的襯衫來配自己的臉色。」但佛萊薩也指出，最近二十年來，男人在衣著的消費達到二十世紀的高峰。他認爲，穿得好其實很簡單，而且一學就會。他提供了以下注意事項，雖然他主要是在設計男性的穿著，但他認爲這些訣竅對女性也適用。

臉是重點

你的衣著應該讓人把注意力集中在你的臉部。不要讓衣服的顏色或比例搶走了你最重要的溝通工具——你的臉——的地位，或者讓人把注意力分散到別處。你選擇穿上身的衣服，要能呈現出你臉部最健康的樣貌。衣著能以顏色和比例來勾勒並呈現出你的容貌。

顏色

⊙衣服的顏色要與臉部協調，並能把容貌襯得好看，而不是搶走臉部的風采。先要了解哪些顏色最適合你，而且不要永遠只是選擇某種顏色。大致上可以把人的特色分成兩種：對比明顯的人，對比和緩的人；先了解這個原則，然後在選擇與臉色調和的顏色組合時，要弄清楚自己是屬於對比明顯還是和緩。

A、對比明顯

・對比明顯的人，是指膚色和髮色的對比強烈，譬如頭髮是深色的，皮膚是白的。

・對比明顯的人應該穿對比色的衣服，或是和臉部膚色成對比的衣服。這類型的人要穿強烈顏色的衣服來襯托臉部膚色；假如衣服色系與膚色接近，會減弱臉部自然散發出來的力量。

・如果你是這一型的人，而你穿的是對比不明顯的顏色，這就無法強調你臉部天生的對比，還會減弱整個外表給人的感覺，你的膚色就不會突出，且失去了自然的明亮；反之，若穿上對比強烈的顏色或與臉部膚色成對比的顏色，就能襯托出你天生面貌的亮麗。

・例子：柯林頓的副總統高爾屬於這一類型，所以他穿深色西裝、白襯衫、深色領帶時最好看。

B、對比和緩的人

・對比和緩的人是指膚色和髮色沒有很高的反差與對比。譬如，金髮而膚色白的人。

・對比和緩的人應該穿著不會造成對比的色系，或者是不與臉部膚色成對比的顏色。

・如果你是屬於這一類型的人，而你穿上對比強烈的顏色組合，那麼，你的衣著將會搶走你原本風采，或使人忽略了你原本的面容。

・例子：比爾・蓋茲。他的髮色與膚色的對比不強，因此他最適合穿著對比不衝突的顏色，譬如深色西裝配藍襯衫而非不是色襯衫。

⊙你是哪一類型的人？你的眼珠是藍色還是棕色？你有雀斑嗎？回答了這些問題以後，你就能進一步判斷，自己的顏色組合應該有什麼程度的對比。

⊙一般而言，除了對比很強烈的人以外，男性穿藍襯衫是最好看的，因爲藍襯衫不像白襯衫那樣會蓋過臉部的膚色。你有沒有注意過，有些男士要上電視時總是被人家鼓勵要穿藍襯衫嗎？在燈光及攝影機下，穿藍襯衫的臉色，不會像穿白襯衫那麼蠟黃。至於女性，就無法做出如此概括的結論，因爲女人化妝，這能改變對比，甚至能給臉部帶來全新的樣貌。

⊙選定了某個顏色以後，把衣服拿到下顎比一比，對著鏡子看看效果。

比例

⊙身材比例是衣服穿得好或不好的關鍵，同時事關這件衣服在你櫃子裡的壽命長短。「如果必須選擇要適合比例還是適合顏色，我會選比例。」佛萊薩這麼說。比方說，一個男士定做了一件長度太長、肩膀太寬的藍色外套，這件衣服穿在身上絕對顯不出他的好樣子，他也就不會再穿那件外套。如果你衣服的比例是對的，你就可以嘗試更多種顏色和款式的組合，這道理對男女都適用。

⊙基本上，人只有在一、兩種比例中看起來好看，而不是四、五種。如果你看到一個穿著正確比例衣服的人，不論性別，那麼即使那人的衣服品質並不好，他還是能顯得好看。你的身材適合哪一種比例，並不是模模糊糊說不清楚的，而是確定的知識，只要找個裁縫就能幫助你了解。你需要有正確的訊息並且確實執行。除非你的身材比例和穿那件衣服的模特兒完全一樣，否則你還是得依身材來修改衣服，以求最合身。

⊙穿得好，跟花多少錢無關。你可以花少少的錢卻穿得很好看，也可以花大把鈔票但穿得很難看。除了要考慮顏色、比例及費用，也該考慮衣服的材質，以及鞋子、提袋（女性）、頸飾（男性）、首飾、皮帶、手帕、圍巾等配件。

⊙最懂得穿著的人，只選擇一到兩種基本組的服飾，而且不會再變。這樣的人不會一天穿一個樣，隔天卻完全變另一個樣。他們會購買能夠互相搭配的衣服，並注重顏色與比例的相稱，讓所有衣物都能互相搭配，通常，簡單的剪裁和樣式總是最好的。知名時裝雜誌 *Vogue* 的主編芙瑞蘭（Diana Vreeland），總是穿著灰色／炭色系的衣服、腳上一雙上好的鞋子、身上某處搭配一個重點式的紅色……而她一直是公認的時髦女士。你的品味愈細緻，就愈能明白自己穿什麼最好看。

⊙穿衣服是一種藝術。需要花時間學習什麼適合你，什麼不適合你，而適不適合，與流行觀點並不直接相關。

穿出成功

衣著是一種語言，更是一種有如宣言的表達形式，因此，你可以在工作場域中策略性地運用衣著的效果。對於懂得運用服裝的人來說，穿著是極有力的一種溝通方式。你也許只有一次機會讓人對你留下永久印象……而衣著能幫你一個大忙，讓你一進門就吸引對方。如果只是因爲穿著不適當而毀掉大好的機會，實在是你自己的錯。如果你受雇爲電腦高手，那麼你穿什麼就不重要，但如果你是從事的是行銷，那麼，外在的表現就是全部。即使你不是最棒的人選，合宜的穿著至少能讓你比較有說服力。

出版史上關於男性衣著及服裝社會現象最暢銷的一本書是摩洛（John Molloy）的《爲成功而穿》。該書傳達了一個很簡單的訊息：你怎麼穿衣服，跟你成功的程度是相關的。你必須爲成功而穿。摩洛的建議有的很合理，例如「如果你去面試，穿西裝會看起來比較莊重」，有的卻怪異：如果你老闆的手帕擺反了，你最好也把你的反著擺！當你要去一家公司面試之前，通常會對該公司做點調查，了解它的目標、計畫、做生意的方式等，現在請你也記得：不妨順便調查公司的穿著文化。

也許你自己從未注意過，但是你的衣著傳達出很多訊息。你的背景、文化、社交涵養、教育、品味、社會化程度，以及可能是最重要的一點：你的衣服說出了你怎麼看待你自己這個人和你的生活。

衣著當然不能取代內涵，但是衣著能夠增加你的自尊。你所穿上身的衣服，傳達出關於你這個人的訊息。人的自尊，絕大部分來自於你以爲別人怎麼看你，所以，如果你穿的是自己覺得穿起來好看的衣服，你就能獲得莫大的信心來過生活。而這樣的信心會讓你把工作做得更好，讓你多出一股無形的動力。

8

儀式

早上十點二十二分。你一邊講著行動電話，一邊衝下曼哈頓心臟區辦公大樓的電扶梯；一出大門，快步走進洶湧人群中，猛揮雙手攔計程車；上了車，你大聲指揮司機怎麼走才能避開市中心紊亂的交通，司機也盡全力在車龍陣中穿梭；你的秘書先打電話給機場的航空公司保留你的位子，而這時候，你忙著打一通又一通的電話。十點五十六分，你抵達機場，越過成排的旅客，跳過護閘，衝進入口。時間是十點五十九分四十七秒。恭喜你！你趕上了十一點飛往波士頓的班機。你眞是英雄！但是，眞的是如此嗎？

你做了什麼？只不過是趕上一班飛機而已，這件事全世界每天有幾百萬個人做得到。你不是打贏了一場戰爭，也不是抓到全民公敵，更不是選上總統或得到諾貝爾獎；你只是趕上了一班飛機。你做到的只是一件日常生活中的小事，但這件小事在一個小時裡面用掉了你全副精力，而你需要幾個小時來平復……而且在這當中，你還出現了糟糕的行爲。如果你在生活中製造出太多的混亂，你就無法集中精神在工作上。我浪費了好多時間在這樣過日子——太晚抵達機場，以及在原本很簡單的日常事務中製造混亂、激動，而不是在自己的專業領域中製造值得興奮的事。

你有沒有好奇過，想知道你認識的那個愛熱鬧的傢伙跑哪兒去了？那個把生活過得很驚險，在街上追著汽車跑，狂飲到天亮，上班時滿臉鬍渣的傢伙，跑哪兒去了？結局很可能是這些人沒有成爲所謂的大人物。爲什麼？因爲許多人把從生活中例行事務所產生的忙亂與從工作創意所產生的狂野混爲一談。想要眞正的成功，你必須遵循「儀式」，做到如同瑞士鐘一樣的規律，把每天必須做的事當作儀式一般規律地進行，如此一來，你就能讓自己做到你以爲不可能做到的事：在工作上創造出狂野與新奇。

傳統看法認爲：儀式是和尚才會做的事。

本書認爲：儀式是成功的基礎。在你每天必做的事項上呆板，才能在工作上有激昂狂烈的創造力。

生理基礎

公式化的作息，具有簡化與澄清的作用，並能在混亂及高壓力之下建立秩序、整齊及熟悉感。我們人類這種生物，對於變化的適應力並不高，而現今的世界變化迅速，使得生活中的變數比以往多了許多。商業世界的風暴及快步調的生活，侵蝕掉了一種能營造出個人掌控感的「錨」。因此儀式變得加倍重要；儀式能穩住每一天的時間，並確保不論生活變得多麼失序，該做的事還是必須完成。儀式把時間變得神聖；儀式讓特定的活動有了秩序，並把活動提升到顯著的位置。在高壓力的狀態下，儀式像是一張暴風雨中的「降落墊」；你從暴風雨中出來，碰到熟悉的東西，於是有能力再去迎接暴風雨。如果你沒有這些降落墊，混亂就會持續。

ＬＧＥ表演系統公司（LGE Performance Systems）是一所專門訓練頂級運動員、經理、救援小組、抗暴小組的組織，負責人羅赫博士說，在高壓力下能有最好表現的人，在生活中的各個領域都有特定而清楚的儀式。「表現最好的運動員在運動場上和下了場的生活中都充滿了儀式。較爲遜色的運動員則沒有這些儀式。」羅赫博士強調，在每一種形式的高壓力環境中，不論是體育、軍隊、醫學界或商業界，所處的環境愈困難，就會有更多人憑藉儀式來完成他們的工作。外科醫師在開刀前會有精確的例行程序、飛行員有起飛前的儀式；從最簡單的地方來看，每個人都有晨間清潔梳理的儀式——想想看你的晨間儀式，如果你沒有做這些事，想要開始新的一天會變得比較困難。

儀式讓你能把注意力集中在眞正重要的事情上面。一旦你建立了有儀式的行事模式，你就能節省不少的時間，因爲你不再需要去惦記它們，儀式會自動成爲一種背景，在你的一天當中佔有固定的時間和地點。

此外，**儀式也是製造大腦能量的重心**。首先，儀式可以把我們的生物時鐘調整到像是一個精準的瑞士鐘；而最能夠破壞這一致性的方法，就是去干擾儀式——縮短睡眠，或在不同的時間睡覺，或沒吃好，會導致葡萄糖和胰島素指數的混亂，你運用能量的功能就會出差錯。沒睡好、沒吃好都會引起不協調，顯示你的行爲正在嚴重影響你的ＥＣＰ。

想要建立成功的一天，是與在定時吃飯、睡眠、聽音樂或其他活動有緊密關連的，目的在於從生理時鐘當中獲得最大的效果。莫柯麥是全球第一位體育經紀人，也是國際管理集團ＩＭＧ的主席及總執行長，ＩＭＧ是全世界最大的運動員管理暨體育行銷公司。莫柯麥在生活中恪遵儀式，他說：「我盡量做到有條不紊，把時間分割成塊狀，區分出口授記錄、會議、電話、午睡、放鬆及用餐。」

爲成功做「堆疊」

美國社會有一個新的現象，叫做「堆疊」。我們都不陌生。什麼是堆疊？就是一天當中把事情一件堆一件，疊在一起：早上出門前，我們在餵孩子吃早餐，同時準備午餐，順便打電話給水電工，檢查留言，並留字條給木匠；到了公司，我們同時進行幾件事，接電話、寫報告、閱讀文件；晚上讀床邊故事給孩子聽的時候，我們也常會順便檢查有無電子郵件，並且接聽工作上的電話。

爲什麼會把事情疊在一起呢？一般的解釋是我們有太多事要做，所以必須同時進行很多事；另一個解釋是，我們會把能讓我們感覺好的活動堆在一起。正確的堆疊，能夠改變我們的心情，像我們在檢查電子郵件、打電話、聽留言時，心裡總帶著期望，期望有什麼好事發生，或知道某件能帶來驚喜的事情；每天生活中的事件可能會讓我們的心情變好，也可能讓它變壞。許多人在潛意識裡就會把活動堆在一起來讓自己有好心情，而如果我們能謹慎地把正確的活動擺在正確的時間，就能創造出高昂的精神能量及良好的工作效率。不要只是把事情隨便亂丟在一塊兒，要能夠預先想很多事情。有策略地把活動堆疊起來，可以帶來成功。

奇怪的是，改變我們心情的不是事情本身，而是我們對於那件事件的期望有沒有成眞。比方說，你期待著要去一家很棒的餐廳吃一頓很棒的飯，而那頓飯吃得眞的很不錯，但你沒有特別驚喜的感覺，因爲它並沒有超出你的預期。

又比如你計畫了好久要去度假，只要讀到有關那個渡假地點的任何訊息，那麼你腦中的所有想像就使你更加興奮，終於，大日子來了。你搭上飛機，來到了拉丁美洲的東安圭拉島，這兒眞的是一個很棒的地方，但是因爲它沒有超出你的預期，所以並沒有讓你的心情變得更好。再拿一件不好的事來比方，你參加了一場葬禮，本來你以爲自己心情一定會很糟，但是牧師的講道好極了，音樂也非常好聽，所以當你離開時，竟有著很舒服的感覺。

一個計畫許久的假期與一件個人的悲劇，這些都是生活中的事件——每一天都有事情發生，我們都在預測生活中的小變化……咖啡的溫度比我們想像的熱還是冷？今天的報紙會不會有很棒的文章？沒有哪一件小事會毀了你的一天，也沒有哪一件小事會使你有個成功的一天……但是，隨著一天天過下來，累積的小事件也許就可能成就或毀掉你的一天，要看你的預期有沒有得到滿足。

假如你堆疊了太多不符合你預期的事件，用不了多久，你就會掉到壞心情中……比如昨夜沒趕上送出去的聯邦快遞，房屋貸款的支票已經跳票，某個你要打的電話號碼老是講話中。這也就是爲什麼，當你覺得樂觀時，你會去碰負面的堆疊事物，而當你準備好要處理很糟的東西時，卻反而會出現驚喜。假如把愉悅的事件堆疊起來，你的心情就能上揚：友善的招呼、一場關於週末活動的快樂對話、轉進帳戶的一小筆退稅金。當然，你無法預見你所堆疊的活動會有什麼結果……你也不希望提前知道。如果所有事情都符合你的預期，生命就太悶了。

電視上有個廣告，一個乘坐勞斯萊斯的貴族般的紳士，朝向另一個也坐在勞斯萊斯裡、同樣氣質的紳士伸手要沙拉醬。他看起來快樂嗎？一點也不！這則廣告傳達的訊息是社會普遍的看法：有錢人看起來都不快樂，因爲他們能夠掌控環境，因此所有的東西都符合他們的要求，很少有事情超出預期。他們看起來像是享盡一切榮華似的無動於衷、無聊、無趣！你有沒有問過朋友日子過得怎麼樣而得到一句「老樣子」？感覺如何？頗無趣吧。許多人在潛意識裡就害怕生活的可預期和無止境的重複，於是變成很不會堆疊事情：把許多不同的活動堆在一起，然後心裡禱告著結果能超出期望，令人驚喜。

高峰與離峰

不斷尋求驚喜——打很多電話，探頭找人抓個空講事情，一邊打開郵件一邊檢查月曆——在忙碌的工作中，這些小事的確有其生產力，但是它們不能帶來眞正的成果。若讓這些事情堆疊在一天當中，反而是會扼殺生產力的。莫札特不是因爲拿手機打了十幾通電話就寫出交響曲的。你需要有完整而集中的一塊時間，讓你專注進行那些眞正重大的任務。我把這個能做最有創意工作的時間叫做「高峰」時間；相對的是「離峰」期。在離峰期，你可以做一般性質的必要工作。太多人經常被困在離峰期裡出不來，到了一天結束或生命結束時，雖然做了很多事，卻拿不出什麼大成就來，我們沒有寫出偉大的小說也沒有寫出暢銷的音樂劇。你也許會說，這樣的成就太不實際，不可能做到，但事實上，許多人的確懂得創造出生命中的高品質時間，用它來完成大事。

學著把活動分成「非常重要」和「不怎麼重要」，然後用小活動來增進心情。譬如你在下午寫了一份很長的報告，注意力有點不集中了，心情也開始往下滑，這時可以打幾通電話讓自己開心一下。如果你知道你有繁重的任務要做，那就在自己心情好的時候做。譬如在早上過了一半，你處於狀況最好的時候，打那些不容易處理的電話，而不要在快傍晚時，你的狀況像是沒嚼勁的義大利麵條的時候打那通電話。但是，別把你最寶貴的精神能量浪費在例行的電話上頭；先做你最需要創意的工作，然後趁著疲勞感還未來襲之前，處理那些困難而重要的電話。簡單地說，你要懂得在一天裡面的特定時段堆疊事情。

有策略地安排你的堆疊，會帶來驚人的精神能量。所以，開始為你需要花心思及不需花心思的活動做準備。先確認活動的性質，排順序，堆疊起來……然後遵守你的堆疊順序。假使你排定要用一個鐘頭來寫作，就盡量做到用完整的一個小時——在現代的科技社會裡，這一點特別難做到，因為所有事情都講求迅速：快速的房事、速食、三十秒的電話談話、兩分鐘的會議。如果你沒有把你的堆疊事先作好計畫，那麼只要幾件不順心（甚至不重要）的事情就很容易導致低落的能量與壞心情。譬如，三通很糟的電話談話，尤其是它們是在傍晚時候發生的話，有可能讓你覺得很糟，於是你會想以別的方式改善心情……喝酒或吃東西。最好能先計畫在午後做運動，以阻止這個向下低落的趨勢。

說到底，正確的堆疊就像是在當一個優秀的DJ，在一天裡的不同的時段播放恰當的音樂組合，來把心情調適到最棒的狀態。第一步是先弄清楚自己的情緒是怎麼變化的，然後在某個時間安排特定的活動群。在後面「製造儀式」的段落中，我會提供有效堆疊的原則。

對策

重點一：簡化生活

不管是要發展出堆疊順序或是要創造儀式，你都要先把生活簡化。

首先，你要**看清楚自己的生活形態和你對金錢的態度**。昂貴的生活形態很耗神——維持住家、保養汽車等等工作是需要時間的，把這些時間花在人生大業上豈不更好？即使是購物也常會用掉精神，甚至會引起焦慮，這在男性身上尤其明顯。太節省的生活形態也一樣，我認識有些商人把大把的時間花在可說是毫無意義的細節上頭，他們不厭其煩地詢問最便宜的機票，調整自己手錶的時間，以求能分秒不差地打電話給航空公司，要求提升座艙等級。他們把旅遊規劃當作一個需要創意的非凡成就，卻沒注意到伴隨而來的緊張、焦慮及損失的時間，影響了他們眞正高產能的時間。你在機場等公車都可能是在浪費時間，倒不如直接攔計程車；當然，如果你負擔不起計程車資或是公司已經幫你買好車票，那又另當別論。但是有時候，爲求便宜反而浪費了許多時間。想一想時間對你的價値，然後再問自己：用掉你工作的黃金時間來找尋最便宜的方法或最低票價，到底値不値得。

其次，必須**簡化你所使用的電子用品**。像電話、行動電話、傳呼機、留言、電子郵件，這些便利科技有時候卻會造成負擔。不管你是做哪一行的，總會碰上電子產品。身爲新聞記者的我，有時候眞是被電子產品整慘了。在科索沃危機期間，我到阿爾巴尼亞採訪，帶了兩部電腦、一支鈦製電話、三隻行動電話、一部攝影機、一部手提式攝影機、傳呼機、幾十個接頭、充電器、電池、電線、磁片、備用硬碟、計時器、手錶，甚至還有一台短波收音機。我花了很多年的時間才明白「少就是多」的道理。我以前每個星期花幾個小時的時間把我的工作電腦、家裡的電腦、出差用的筆記型電腦和我的手掌型導航器調成同步。我會訂購很多不見得需要的配備，然後花很多的時間裝設，然後又在電話上等客服員解釋它們的用途。

現在我在國內旅行時，我大大簡化了我的電子生活，只攜帶一部用來做所有事情的電腦：麥金塔G3筆記型電腦，我到哪兒都帶著它。它的螢幕可以讓我同時看到兩個整頁，即使是在路上或飛機上，寫東西變得容易得多也有趣得多。現在我每兩個星期就省下一整個工作天，因爲我再也不用把時間花在更新、升級、更換檔案和整理檔案上面。至於電話方面，在美國出差時的路上，我使用一個全國同一費率的電話，它能收文件、留言、傳呼和整合所有電話，出國時，還能把電話轉到另一支手機，可以在七十二個國家使用。我有兩支電話機當作打出去用，一支專門接打進來的電話。在電話和電腦之間，我走到哪裡都有如身處辦公室……不需要做什麼安排和組織，隨時就緒，可以馬上出發。生活簡單了許多，也輕鬆了許多。

重點二：創造儀式

「世界級的儀式帶來世界級的表現。」羅赫博士如此說道。他專門爲運動員量身設計出適合他們生物時鐘的儀式。這些儀式包括訂出時間與家人相處、從事嗜好活動、飲食、運動及工作。如果希望自己的時間不被「偷走」，關鍵就在於儀式。所謂的儀式是指：爲你所有的日常活動訂出一個清楚的程序或時間。事先計畫下個星期的生活，訂出一個行事曆，然後切實遵守。

想要讓儀式發揮作用，得先做到**把重要的儀式安排在最能與你生物時鐘配合的時間**。前面章節曾提到幾個例子，像是在處於低狀態時用飲食、運動來提振精神，或是仔細地計畫睡眠與清醒時間來改善生物時鐘等等。你可以先從建立睡眠儀式開始，然後再加入運動與飲食的儀式。你會發現，小小的改變可以大幅增進你高峰時段的創意力。在你對建立儀式比較有把握之後，再從一天中分配時間與家人相處、從事你的嗜好，甚至是安排看電視及閱讀的時間。預先定好一週行程似乎要花不少工夫，也似乎奪走了生活的驚喜與期待；你會以爲自己會覺得被束縛了——事情相反，你反而會感覺自由，能放手追求夢想。當你建立起這些自動的規律後，被浪費掉的大把時間就會失而復得。

爲了要在生活中建立起儀式，你必須先**觀察自己的生活，找出已有的儀式**——不管我們自己有沒有察覺到，其實每個人的生活都有若干既定的例行公事。假如你有抽菸、喝酒等不健康的儀式，你應該把這些戒除或減量。「讓我看一眼你大部分的儀式，我就知道你在乎的是什麼。」羅赫博士說。當你在觀察自己生活的時候，要把睡覺以外的每一個小時所從事的活動寫下來。你一天二十四小時是怎麼過的？你的一個星期又是怎麼過的？參考後面所列出的幾種儀式項目，想一想你的生活中已經有了多少儀式：是不是太少？有沒有錯誤的、不健康的儀式？

當你要計畫一天和一週時，盡量包括以下所要講的幾種儀式。什麼事對你重要，就爲它建立出儀式。對於許多人來說，在早晨和一天的上半段能夠建立最好的節奏是非常重要的。羅赫博士把一天的開始比喻成飛彈的發射，如果你的一天是用糟糕的方式展開，那麼你一整天都會過得不好。因此，請多多注意你早上的儀式，譬如個人清潔、看報紙、準備讓小孩上學、遛狗等等。早上的儀式應該要能做到讓你從走出家門那一刻開始就覺得能應付各種難題。然後，想一想其他的時間如何安排。如果你很看重和家人的相處，那就爲這個活動建立起儀式——也許是與家人共進晚餐、週六晚間與伴侶約會共度等等。找出你一天中哪些時刻是比較難熬的，爲這些時刻建立出儀式。把儀式變成你生活的一部分；當壓力變大時，更該嚴格執行慣例，才能掌控你的時間與生活。在建立儀式時，切記要同時照顧到身體、情緒及心理的健康。

睡眠　沒有任何活動比睡眠更需要變成一種儀式。擁有一個從放鬆、出現睡意到定時上床與起床的規律睡眠習慣，能讓人從生物時鐘當中獲得最大的好處。如果你有睡眠的問題，請翻到第一篇的最後一章「Q&A」，其中針對如何在夜晚得到充分休息有做詳細介紹。

飲食　一部人類的生存史，談的就是搜尋食物。現代食物的生產技術替我們省下了許多時間，但是許多人還是要浪費很多時間去思索要吃什麼、在哪裡吃，以及怎麼吃。若能定下固定的吃飯時間，並事先計畫好要吃什麼，將會使你變得更有效率，而這並不會減低以飲食作爲娛樂的樂趣，也無損於它的社交功能。暢銷作家克萊頓（Michael Crichton）在他寫作小說的期間，午餐都吃同一種食物。我仿效他的做法，也連續幾個月吃同一種午餐。因爲我所選擇的食物是經過設計的、能帶來最多精神能量的食物組合，即使這樣吃稍嫌單調，我還是從食物中得到了我想要的。你應該在一天的關鍵時刻食用能夠增進你表現的食物。

運動　由於運動對大腦能量及警醒度有著強大的功效，所以請把運動時間擺在你一天中最需要腦力和保持清醒的時刻。對於夜貓子來說，早上做運動是增進警覺度的絕佳方法；而對早起的人而言，下午做運動就能帶來意外的提神效果。運動的內容可以有變化，但時間最好不要更動。如果你選擇在早上做運動，就保持在這個時間運動，別輕易變更。

準備迎接高峰期　起床之後做一個包含兩步驟的儀式，它能幫助你思考人生中最深層、最重要的信念與欲求。首先，列出當天要做的事情；然後，花十分鐘思考你一生中最重要的事情。在做這個儀式的時候，你可以放音樂，也可以在安靜的環境中進行。用視覺化的方式思考你所要做的事，以及對你而言什麼是重要的事，然後把這一天的活動跟你這一生中想成就的事連結起來。你也許想重整事業、希望騰出更多時間與家人相處或獨處，或者是想從事心靈層面的追求。羅赫博士強調，在早上花這十分鐘把一生中的「今日」想清楚，有助於你進行接下來的一整天。

高峰　處於高峰時段的你，應該是最棒的你——生活中之所以要有種種儀式，爲的就是要擁有與善用這個時段；不論你是世界級的鋼琴家、短跑健將、總裁或家庭主婦都一樣。高峰時段是你創造力最強、事情做得最好的時間。外科醫師在手術前有一個繁瑣的洗手儀式，飛行員在出發前照慣例要試飛，同樣的，你的儀式也應該要與你的工作相關。爲你的高峰時段準備優質的睡眠、早餐與運動，然後把高峰時段獨立出來，在這段時間裡展現最佳的能力。你要把每一天的高峰時段視爲神聖而不可侵犯的時間。莫柯麥肯定高峰時段的好處，他說：「我是不折不扣的早起鳥兒型，我最棒的工作總是在大清早完成。」超級律師貝利也是如此：「我精神最好的時間是一大早，這時候別人都還在睡覺，電話也還沒醒。」

電話堆疊　很多人的生活被電話主導，覺得自己一天下來的工作就只接了一整天的電話。找一張紙記下你一星期以來的電話通話紀錄，看看哪些是你眞的必須接的電話，又花了多少時間。排出一個時段專門處理電話。以我來說，這段電話專用時間處理的一定要是非常重要、且很需要花精力仔細處理的電話，而通常的電話都不需要這樣處理。我會等到我的創意能量較低，也不覺得浪費時間的時候才打電話。不要怕把電話關掉。訂出一個別人一定能找到你的時間，其他時間就靠電話留言來過濾。如果眞有誰非找到你不可，對方自然會讓你知道，不要每一個鐘頭就檢查留言一次，只要選幾個重點時間查留言就可以了，別讓講電話的時間佔掉你的高峰時段。我是在下了班的回家路上用手機回電話。把打電話的時間安排在一天工作結束後，而把有創造力的時間留給白天。我也會利用往返機場的途中、在機場大廳等候的時間，以及排隊的時間打電話；在這類的時候打電話，不僅提神，還是個利用時間的好方法。

羅赫博士建議，不妨把使用電話的方式儀式化，在進行重要的電話談話時站著講話，並想像你這時候是在舞台上演出。假使你直挺挺站著，會使你的表現有進步，也比較專心；站立時的姿態應該比你彎腰駝背的坐姿來得好。不妨用耳機式的接話筒，讓你的手空出來。

數位堆疊　檢查e-mail、在網路上讀新聞、菜單、飛機里程數、了解股票價格，或是去逛其他網站——這些似乎是正面的堆疊活動……但也可能是極容易上癮的活動。小心不要太常上網，使得電子郵件主宰了你的生活。訂出固定的時間上網，過了時間就下線，這樣才不會花掉你太多黃金時間。把上網的時間儀式化，你就可以把上網當作是休息或是高峰時段末尾的心情振奮劑。

負面堆疊　把你眞的很討厭做的事或是會讓你心情不好的事情，放在一天當中能量比較高而比較能快速恢復的時候來做。天下最大的錯事莫過於在感覺脆弱無助時去碰觸負面的堆疊活動；你會沒有效率，看起來也虛弱不堪。最好等到自己覺得堅強時再打那些棘手的電話。

計畫明天　在一天將盡之際，要花十分鐘計畫明天。最會扼殺高峰時段的方法，莫過於毫無計畫。我使用電腦行事曆框出我的活動，讓每一天都有清楚的架構，並且找出一、兩個特別重要的目標，然後思考如何執行。知道自己對明天的重大問題有了行動計畫，這會能讓人睡得更好。許多人其實是會計畫明天的，但通常是在要睡覺的時候，更糟的是在半夜醒來的時候，這兩個時間最容易讓你對那些問題產生焦慮，也讓你感覺最無力處理問題；因爲，在你入睡前或是淸晨四點鐘的時候，那些問題顯得比實際上困難且嚴重。當你在晚上排出一個時間來計畫明天，那時候白天的壓力已消失，所以你會有餘裕來省思，並爲即將來臨的一天制定行動計畫。切記，在睡著前留下至少半小時的緩衝，在這時間可看書或做其他的舒緩活動。然後，隔天早上就能執行你的計畫，這樣你的高峰時段就沒有多少損失。

通勤　如果你每天搭火車或公車上班，而且在白天沒有獨處的時間，那麼就可以利用通勤的時間來放鬆：關掉你的行動電話，聆聽能讓你放鬆的音樂，或者閱讀，利用這個時間獨處；你也可以用通勤時間來從事有創造力的事情，比如用筆記型電腦寫東西。因此，不管交通或天氣出了任何狀況，你都能感到某種程度的成就感。

出差　如果你必須經常搭飛機，那就花時間把你的「離開」營造成一個儀式，不要把每一次的走出大門當成是探險。預留足夠的緩衝時間，才不會老是在趕路。如果你並不需要用旅途的時間來獨處，那麼就帶著工作去做：該打的電話、該讀的文章、該寫的備忘錄。讓這些活動變成是正面的堆疊。我在前往機場的路上順便回覆電話，並帶著我該讀的期刊文章，並且期待能在書報攤瀏覽一下雜誌；我總是會留下一個緩衝時間，或者準備好萬一我預定搭的班機突然取消時該怎麼辦。同樣重要的是，我會注意起飛地和抵達地，以及任何可以連接航線的城市的天氣狀況，因爲有時候你的飛機就是到不了你要去的地方。有一次，我要從紐約飛經芝加哥，前往加州的聖地牙哥。我查了天氣預報，發現芝加哥的天氣很壞，起霧，能見度低。我其實可以在舊金山轉機。我想了一下，最後，更改了航線，改飛洛杉磯，轉往目的地聖地牙哥，而其他的航線都沒能準時到達。如果你的工作性質逼得你分秒必爭，試著在你抵達機場前先搞清楚狀況，才不會在機場等得抓狂，然後到最後一秒鐘才發現你自己被排在和一群正要前往中途之家，剛釋放的搶匪一起坐在大統艙裡。如果你經常需要搭飛機，就訂定你的飛行儀式，例如在機艙中站起來舒活筋骨，而不要拚命喝咖啡；帶幾本能讓你愉快的讀物；或者帶眼罩阻擋光線，好好睡個覺。

壓力空檔　如果你事先就知道某項會議或專業活動會帶給你很大的壓力，那麼就先計畫一段壓力空檔時間。我在每天下午結束時，在健身房裡作半個小時的重量訓練。羅赫博士建議，在工作日裡，每一個半小時安排一個十五到二十分鐘的「恢復精神的休息空檔」。你可以在這個空檔休息期做深呼吸、步行，或喝很多水。這個空檔是用來恢復精力的，能讓你「解毒」、恢復活力，讓你感受到重生，休息過後更能專心工作。

玩耍時間　沒有玩耍時間的人，會很無趣，也比較缺乏創造力。所以，排定你的玩耍時段，然後盡情去玩，把你的憂慮拋得遠遠的。不論是看舞台劇、歌劇、電影或與小孩打網球、踢足球或拼裝模型飛機，都讓自己全心全意去玩吧！

記住，你在哪一個地方遇到問題，就在那個地方建立很多儀式，這樣可以幫助你掌控全局。

9

平静

我們有一個不太正確的觀念，以爲成功的作家、詩人、畫家、總裁、醫生、研究家、父母親都有源源不絕的精神能量／腦力。眞要這樣還得了！事實上，每一個人在一天裡能用的精神能量都有固定的量。想要達到很好的程度，就必須審愼保存和創造「精神資本」。

在今日的美國，常常看到「緊張兮兮」式的精力，就像電視喜劇影集《歡樂單身派對》(Seinfeld) 劇中人物克萊姆那樣。我們國家有很多苦於焦慮和緊張的人，而病態性的高度緊張會扼殺精神能量，連帶奪走生產力。唯有消除緊張，我們才能從完整的精神能量中獲益。

可能你本來是很正面的人，但是過多的壓力和緊張還是偷走你不少的創造力，因爲你沒辦法擁有夠長的時間來專心完成有品質的工作。假使你的心情經常是負面的，或根本就很低落沮喪，你甚至會發現：焦慮奪走了你生活中的快樂與生產力。

傳統看法認爲：一起床就要活跳跳，不計代價要有活力。

本書認爲：平靜的活力，是優質心境的表現。

生理基礎

在針對學生讀書表現所做的研究中，擁有平靜活力的人通常在讀書上最有效率。泰耶博士在他的《每日心情的根源》一書中，把心情分成四種類型：平靜的活力、平靜的疲倦、緊繃的活力、緊繃的疲倦。感覺有活力和感覺疲倦，分別表示「準備行動」或「需要休養」。緊張或是平靜的感覺，則顯示了我們覺得自己是安全或有威脅感。

以下這個測驗可以測試你的焦慮程度。再一次感謝紐約州立心理治療學院的生物統計研究組長史畢澤博士慷慨提供。

自我測試

請用以下四個答案回答下列問題。每一個問題以一項答案作答。

A. 完全沒有
B. 好幾天
C. 超過一半的日子
D. 幾乎每一天

最近四個星期以來，你有多常受到下述情況的困擾？

1. 感覺緊張、焦慮、心煩意亂，或是非常擔心很多件事？
2. 感覺靜不下來，坐立不安？
3. 很容易感到疲倦？
4. 肌肉緊繃，痠痛？
5. 睡不著，或睡不好？

6.很難集中精神做事情——譬如看書、看電視？
7.動不動就不高興、生氣、罵人？

診斷

⊙如果你對第一個問題的回答是「超過一半的日子」或「幾乎每一天」，而且對2至7題的回答有三個以上是「超過一半的日子」或「幾乎每一天」，你可能就得了焦慮症，也許該考慮心理治療或藥物治療，但請先與醫師商量。而在治療之外，你不妨也採用本章後面建議的方法。

⊙如果你對三個以上的問題回答「好幾天」，那麼你生活中的緊張程度很高，它嚴重妨礙你擁有正面心情及維持精神能量。你應該考慮以下建議的多項做法。

對策

重點一：減低焦慮

在前面提到的許多方法都有助於消除焦慮，例如音樂治療或創造安靜的空間。其中最有效的方法是運動。假如你實在提不起勁做運動，別皺眉，因爲只要五分鐘的運動，就能大大減輕你的緊張感。太極拳、氣功、深呼吸練習都能消除緊張，而且很容易在辦公室裡做。氣功對於消除緊張具有神奇功效。此外，不要吃那些會讓你焦慮的食物，也能消除緊張。

焦慮並不都是壞事，某種程度的焦慮是生存的必要條件。如果我們的老祖先不曾擔心被猛獸吃掉，他們就不會預先做保護措施。我們應該讓大腦有機會「掃描」出危險區域，然後採取行動，但不能是在我們最沒有精力、最感焦慮的狀態下，因爲處於這種狀態下的我們，往往最沒有創意也最難找到對策。想像你在半夜三點忽然醒來，這個時候的你沒有力氣也沒有腦力；只有一堆引起焦慮的問題圍繞著你。你心上盤旋著這些問題，心跳開始加快；你變得輾轉難眠……而還要等好幾個小時你才能起床開始行動。這種對問題的無盡擔憂，很少能使問題得到解決，也不健康。美國心臟協會期刊《循環》（*Circulation*）報導說，擔心，會增加心臟病發作的風險。

說起來好像矛盾，但是經常擔心的人其實不容易找到好的解決方法。與其擔心，不如把注意力用來建立正面的心情，日子會好過許多，因爲在那樣的狀態中比較能輕鬆處理問題。最好在早上面對大問題，那時的你能量最高、焦慮程度最低。

重點二：抓出破壞精神能量的兇手

除了焦慮與緊張之外，生活方式也會破壞精神能量。我們在潛意識裡面，會想用醣類、脂肪類食品及具刺激作用的藥物來改變心情。不過，這些東西只是攪壞好心情的高手。有些食品和藥物能帶來立即的振奮，但是研究顯示，這種振奮只是短暫的，隨即而來的是時間更長的、更明顯的心情低落。比較好的長期性策略是，一發現心情的改變，就以本書在前面章節介紹的方法對症下藥。以下提出幾種你應該避開的「超級心情破壞器」。它們會干擾你的生理節奏、睡眠／清醒模式，甚至影響神經傳導素的數量。

睡眠不足或是混亂的睡／醒模式　前一夜沒睡好，是最會毀掉你一天的了。喝太多酒或咖啡、情緒波動、食物或晚上的活動進行到太晚，使得睡眠節奏亂了，耗掉你的精力，也讓你看起來更蒼老、憔悴。關於這個問題，在「Q&A」那一章提供了許多增進睡眠品質的有效建議。

憤怒　憤怒最能快速、劇烈而且深遠地改變心情。腎上腺素、可體松等荷爾蒙的上升，會讓心跳速度與血壓居高不下。憤怒可以毀掉一整天，因爲在一場憤怒後，要回復到好心情可能得花好幾個鐘頭。發脾氣的時候，最大的受害者是你自己。

完美主義作風　很多成功人士並不是完美主義者。事實上，追求完美很可能是個錯誤的目標。完美主義者的態度，基本上是在這麼告訴自己：「我正在努力的事，是我覺得自己做不到的。」假如你是以這種態度來定義你的工作，你就營造了一個令人心灰意冷的環境，而你眞的就認爲自己無法達成你在做的事情。事實上，沮喪的人、心情不好的人傾向於採取完美主義態度，因爲他們爲自己定的標準或目標是他們沒有時間或能力做到的。老是以完美主義的腦袋來想事情，只會讓你心情一直好不起來，因爲你永遠無法達到自己的要求。

跟不合的人「一起混」　我們身邊的人深深影響著我們對自己的感覺。在遊行中，一群活力充沛的人會讓你有好心情；若你和一堆不斷抱怨工作的人相處，保證會讓你的心情變壞。在我們周圍的人形成了一個神經網路，像神經細胞彼此相連般，我們的情緒也一一與周遭的人相連。第二篇的「播放情緒」那一章會介紹更多與人來往之道。

負面的堆疊　誰都有不愉快的義務與責任，譬如實在很不想聯絡某人；我們很討厭打這種電話，除了單純的焦慮感之外，另一個原因是做這件事讓我們感覺不好。我深深相信，打那些討厭電話的時候，必須是在你最有活力的時候；這可能是早上你的心情上揚的時刻，或者是剛運動完、覺得自己壯得像銅牆鐵壁的時候。我喜歡在做完無趣的活動後用一連串的正面活動來拉自己一把。在不合適的時間安排一大堆負面的義務，當然會讓你心情往下掉！當你必須做你不喜歡的活動時，要先預想它所會帶來的壓力，妥善利用這個認知，你就會能更有活力和效率。請參考前一章講述「建立儀式」的步驟。

人工甘味　有評論指出，阿斯巴甜（Aspartame）與午後沮喪、焦慮和壞心情有關連。健怡可樂及減肥食品中都含有阿斯巴甜；不過廠商和美國食品藥物管理局（FDA）不認為阿斯巴甜有什麼大問題。網路上，支持與反對阿斯巴甜的兩方激烈辯戰，有人說它害人，有人說它無害，不妨看糖精對你自己有何作用，再自行判斷。

咖啡因　喝了汽水、咖啡、茶之後的一個小時，你所攝取的咖啡因能帶來很棒的提神效果。你大可以一整天都用咖啡因來提神，但是它的效果會漸次減低，而且到了一天結束時，你會變得疲倦又焦慮。到你想睡覺的時候，你會發現自己只能盯著天花板看。我曾經對咖啡因和阿斯巴甜上癮，早上喝一罐健怡可樂實在舒服極了，我會一罐一罐喝；然後快到傍晚的時候，我變成怪獸，脾氣暴躁，焦慮不安，還有些許沮喪，然而這時間是我應該要有最佳狀態的時候，因爲晚間新聞就快要開始了。後來我戒掉健怡(偶爾喝一點)，結果我的精神變好，緊張感也消失了。我還發現，我坐下來專注工作的時間比以前長很多。最好的是，我的睡眠變得飽滿，這是我多年來欠缺的。要記得，對咖啡因的需求通常是睡眠太少和睡眠品質不佳的症狀。如果你一定得喝咖啡因，請在吃過豐盛的早餐後飲用。如此，你就不會同時要對付血糖快速下降和腎上腺素大量釋放帶來的後果。下降的血糖和上升的腎上腺素保證讓你感到不安，心情變壞。

酒精　由於酒精能舒緩緊張，所以它幾乎可以馬上提神；但是，九十分鐘後緊張感會再度出現，伴隨著精力喪失與心情下降。而酒精對情緒最大的壞處是它會影響「睡眠結構」(sleep architecture)。晚上喝酒會降低睡眠品質，有損你隔天的表現。即使是適量飲酒，也會造成工作生產力的下降。

食物　許多人把食物當作是撐過一天的藥物來使用，往往不了解食物會對精神能量和心情造成很大的傷害。原因如下：

1. 吃大餐會破壞好心情，而且會偷走身體其他部位的血液，然後讓你懶洋洋，想睡覺。
2. 高脂肪食物會吸走大量的精神能量。吃下去的時候感覺很好，但是富含脂肪的一餐很快就會減損你的精神能量和情緒。

3.從甜甜圈、麵包到棒棒糖等甜食，的確能振奮心情……但是好心情維持不了一個小時——這是你的血糖從升高到劇降所需的時間。你可以整天藉由吃這些東西來維持心情，但是一天結束時，你會發現自己情緒緊繃，而且增加了不少脂肪攝取。你應該要避免高葡萄糖指數，也就是會引起血糖大幅上升的食物（見書末附表）。這些食物在你把它們純粹當作零食而且沒有與其他食物合吃來緩衝時，對你的危害最大。德州理工學院的克里斯坦森（Larry Christensen）與其同僚的研究指出，把醣類自飲食中去除，會使沮喪程度減低。

大作家可能會從清晨五點開始創作，但是到了晨間九點時就靈感全無；大企業總裁可能在上午時光鬥志旺盛，但是到了下午就精神不濟。如何維持高昂的精神，關鍵在於如何明智運用精神資本。接下來的這一章，就要運用前述九種能量，幫助你正確安排每一天，正確使用你的精神資本。

運用：超完美時間管理

一位醫生在早晨七點鐘進辦公室，她喝了兩杯咖啡，迅速批閱文件，希望能在看病時間開始前完成。一天結束，她看了三十個病人。另一位經理一邊大嚼麥當勞滿福堡，一邊開車上引道往機場奔馳；他在工廠裡待了一天，已經想出該如何進行工廠的重組。一位超級理財專家在一場巡迴演出中賣出一筆價值一億元的基金。一位小提琴家完成了波士頓交響樂團的試演。

以上提到的幾個人都有很好的表現，完成了艱鉅的任務。但是太陽下山後，他們的這一天過得如何呢？那位醫生累得沒辦法和孩子玩耍。工廠經理還要參加好幾個應酬才能回家；超級理財專家累得沒力氣做運動，而小提琴家已經沒有精力再練琴。他們每一個人也許都過了很有成就的一天，但是從生理的角度來看，他們的這一天都是一場災難。他們的大腦與身體是在運作，但是在一天中的某些時間裡，那些作用的速度有如毛毛蟲蠕動。

一個在生物時鐘上成功的一天就絕對不是那樣。而是以熱切及力量展開一天，而且整個早上都如此，然後把下午過得很好，足以應付正午時刻漸趨沈重的生物節奏，傍晚時恢復活力，有力氣陪伴家人、參加社交活動，或是閱讀寫作。我朋友席漢在世時經常說，生活的黃金律之首要規則，乃是當一隻好動物。這什麼意思呢？這代表你在一天裡的感覺都很棒，一整天你都感覺自己處在生理的高峰。想做到這樣，關鍵在於了解自己的身體和大腦在一天之中的變化，在一天的不同時間中會有何表現，以及你該如何加強或避免。

早上時候的你，和中午、晚上時候的你是完全不一樣的。知道了這些，你就能安排出完美的每一天。

傳統看法認爲：祝你今天過得好。

本書認爲：讓你的今天過得好。

生理基礎

很多人認定，魚與熊掌不可能兼而得之。然而，若採用仔細的計畫和儀式，你就能夠讓你的每一天都在生理和專業領域兩方面都達到成功。這就要運用本書所介紹的方法：深入了解自己的生物時鐘、把一日活動加以儀式化、善用每一時刻。這樣做會讓你的早晨在得到充分休息後醒來，一天中有花不完的精力，到了晚上依然活力充沛。

一個在生理上成功的一天，能增強你的自然生理節奏，讓你不論是處在一天的低潮或高峰時段，都更有精神與腦力。以下將介紹具體的「一日計畫」，供你管理你的心情與建立正面精神能量。要記得：操控你心情最重要的一點，是要用你的活動來配合你的生理節奏。簡單一點說就是：**在最有創意的時間做最需創意的活動，而在低能量的時候做計畫和閱讀**。這樣子去找能讓我們感覺好的事情做來過一天，好像有點奇怪，但事實上，許多人在潛意識裡就是這麼過每一天的，問題在於他們是去喝酒、吃甜食、喝咖啡、看好幾個小時的電視，而這些活動是對心情有害的。

你要把你的高峰時段用來進行你的長期事業目標，而把你的離峰期拿來做忙碌的工作。那些會讓你很忙的工作當然是必須做的，但是不要犧牲了你的長期事業目標。所以，如果你有一個重要報告要提交，有一個電腦程式要寫，或要設計一個網頁、安排一個會議，請先把你的桌面弄乾淨。**計畫你的一天，最重要的工作是要明白自己在什麼時候能夠做出最好的成果**。對早起的鳥兒來說，早晨是高能量、低緊張的狀態，能夠全神貫注地創作。下午時段對大多數人來說會比較辛苦，因爲能量在這段期間開始下降，緊張度開始上升。而對夜貓子而言，晚間也許是工作、讀書、寫作的最佳時間。

設計你的一天，重點在於捍衛自己生產力最高的時段，並且排除掉次要的活動。一旦你知道自己擁有一大段高創造力的時間可以用，相信你一定能有很棒的感覺。所謂的「時間管理計畫」經常失敗，原因是人的電池不可能一天二十四小時都是飽滿的。你需要把你最需創意和能量的活動安排在你的大腦最適合處理這些活動的時間。譬如說，鋼琴家霍洛維茲曾經依他選擇的時間來開演奏會——那個時間是星期天下午四點！

而你也許會以爲，你的朋友、對手、同事永遠搞得淸楚狀況，他們好像從來都是那麼興高采烈。然而，一天當中並不需要時時刻刻都在追求興奮；事實上也辦不到。但這不表示情緒與心情的變化不具有生產力，你可以找一些不需要那麼多創意能量、也比較適合你低能量狀態的活動來做。

對策

以下是根據生理最佳作用時間所擬出來的一個理想日程表。如果你是很早起的人，你可以把時間再提前一個小時。

晨間高峰

六點三十分

⊙使用亮度高的燈光。夏天時藉助太陽光，冬天時可用模擬日出的人工光線。光線能強化生物時鐘，並能讓一天當中的生理節奏更有規律。在一大早使用光線是調節你清醒程度的最重要步驟。使用了人工光線，你就可以在自己想要的時間起床，就算是凌晨三點也可以辦到，不過要確定，每天都要在同一個時間起床。

七點鐘，起床

⊙你的日程表最不能打馬虎眼的地方就是固定的起床時間。起床後，人的荷爾蒙處於很自然的低狀態。所以，一起床，先喝一杯純蛋白質飲料。我一下床就給自己沖泡一杯大豆蛋白質飲品。

⊙用運動來增加大腦中的氧氣，建立一天中第一個高峰。我通常做一小時的階梯運動機，訓練強度，中間休息十五次，每次一分鐘。如果你的運動力弱，不妨添加「激發素」來提高血糖濃度。我在我晨間的大豆蛋白質飲品中加入一、兩匙雙子實驗室的「全能量二號配方」(Optifuel II)、一根香蕉和若干冰塊。聽起來好像熱量很高，但是我做運動會燃燒掉起碼兩倍的熱量。可以播放有動力的音樂。我聽的是《眞善美》電影配樂，或拉赫曼尼諾夫的第三號協奏曲。

⊙運動完，正式吃早餐。我喜歡吃一個哈蜜瓜、未經煮過的燕麥和優格。糙燕麥對血糖的影響很低，而且可以帶來更持久的精力。

⊙不妨做一點社交活動。德州大學公共衛生系教授司莫林斯基教授（Michael Smolensky）的研究顯示，很多人需要在早晨與人社交，以此提神，但是這段時間偏偏是我們身心都還缺乏動機與人互動的時候。不要讓這種封閉與缺乏動機的狀況變成你一天的基調。所以，你抵達辦公室後，先別急著坐下來，不妨花幾分鐘和同事說說話。我太太會在這時候打幾個短短的電話，以此提振精神，然後才開始工作。

八點鐘至下午一點鐘：高峰期

⊙善加利用身體在此時快速上升的能量及低緊張度，千萬不要浪費！利用這個時段來做重要的事，例如寫報告、做演講、動腦會議、手術、繪畫、樂器練習等等，任何能增進你人生大業的活動都好。偉大的藝術家、作家和思想家，往往利用清晨來從事他們最好的工作。在當今這個瘋狂世界裡，清晨也是一段電話還沒有開始響、傳眞機還沒有開始吐出資訊、市場還沒開的時間，你的生活還沒有被別人打擾，只有自己。

⊙如果你需要打破精神不振，那就在晨間過半的時候，喝一杯不加糖的咖啡。這應該要是你一天中接觸咖啡因的最後時間。假如你把狀態完全調節好了，你很可能是不需要咖啡因的。

⊙不要吃任何含糖或澱粉類的零食。

⊙播放有活力的音樂。

⊙盡量延長你的早上高峰期。高峰期過了再吃午餐。這可以解釋爲什麼你需要一頓豐盛的早餐。

離峰期

早起的鳥兒在這個時段開始出現精神不濟的現象，但對晚起的人來說也許還很有精神。不過，到了下午，這兩種人的心情與精神能量都會大幅下降。

下午一點半：午餐

⊙吃高蛋白質的食物，譬如雞肉或魚。

⊙吃少量到適量的高纖維碳水化合物，以及含葡萄糖非常低的食物，而豆類最能讓你有長時間的飽足感。

下午兩點鐘到三點半

⊙繼續做早上未完的工作。

下午三點半到五點鐘

⊙這是懈怠時段，必須把自己從谷底往上抬！

⊙睡十五分鐘的午覺。午睡比吃零食好，短短十五分鐘的小睡能讓你感覺很棒，卻不會增加你的體重。一旦你養成小睡的習慣，你將會發覺，午睡後比吃完零嘴後更覺得精神奕奕。

⊙步行或運動十分鐘，恢復精力。

⊙堆疊正面活動，包括有提神作用的電話。

⊙利用這段情緒的低調期做安靜的閱讀或研究，最重要的一點是要讓緊張度維持在低水平。播放舒緩的音樂是個好方法。

⊙不要吃垃圾食物。用活動和午睡來找回活力。不要靠吃東西來恢復！

⊙不要拿出大計畫或大份量的工作在這段時間執行。你會懷疑自己當初怎麼會想出這些東西，讓人洩氣，倍感挫折。記得要用你當初擬定計畫時的那種心情去執行那個計畫。所以，如果你某天早上非常來勁兒，想出了一個威力十足的策略，就不要在你心情低落的時候啓動相關動作。

下午五點鐘到七點鐘：重建氣力

⊙白天的能量到了下午五點左右會降到最低點，凡是領薪水替人家做事的人都很清楚這一點。這是用活動來恢復精神的最佳時段。這段時間，健身房裡人最多。雖然說早上可能在精神上感覺疲倦，身體卻是處在最顛峰的狀況。比較一下，你在五點鐘時有沒有比七點鐘時跑步快一些、單車騎得久一些？

晚間前段

晚上七點鐘到八點半

⊙吃很少的晚餐，才會有登峰表現。我的晚餐是一個魚肉漢堡和一個地瓜

——卡路里低，但纖維質非常豐富。這樣的晚餐夠清淡，能給我一個很有氣力的夜晚。

⦿愉快的談話能建立正面的關係。這是最佳的家庭或社交時間。使用這段時間來建立晚間高峰的動機和能量。

晚間高峰

世界上許多偉大的戰役計畫和政治競選策略，都是在這段時間產生的，而且能持續到夜深，因爲周圍的干擾降到最低。大腦能量再次進駐，給你第二個高峰。沒有了電話、訪客等等干擾，這是一段平靜的時間。

晚上八點半到十點鐘

⦿寫東西或閱讀。

晚上十點半到十一點鐘

⦿計畫你隔天要做的事。聆聽讓人平靜的音樂。

晚上十一點鐘到十一點半

⦿在固定的時間上床睡覺，執行你的睡前清潔習慣。這表示，十一點就要開始準備睡覺。找一些適合閱讀的東西，如果你需要完整的七個半或八小時睡眠，就一定要習慣在十一點半睡著。

以上是基本的範例。你可以依自己的行程、工作需求、長處與弱處來設計你的一天。如果你是早起的人，你可能會發覺你的晚間高峰時段沒法子像你希望的那麼好；而如果你很難早起，則晨間高峰期對你可能就是個麻煩。不論你是哪一型的人，如果你依照本書第一篇所介紹的方法，建立一套很紮實的儀式，都能送你踏上成功之路。最後一點要提醒讀者的是，在衡量一天當中自己有多少時間富有生產力時，不要欺騙自己。與其耗費十二個小時在工作中掙扎，不如在腦力優秀的三個小時裡面紮紮實實工作。一旦你做到了該做的事，其他時間就拿來盡情玩耍，讓自己重新充電。

Q
&
A

在電力和飛機出現之前，世界上沒有時差、輪班工作或時間病（time sickness）。但那樣的日子已然是遙遠的過去。當我們自然的生理節奏受到干擾，我們就是在把自己的生物時鐘調到錯誤的時間。讓我們來看看，生物時鐘所設的自然節奏受到破壞時，會引發哪些問題，又該如何解決。

問題一：星期一早晨有時差

顯示生物時鐘出了狀況的重大跡象之一，是你在通宵活動後所感覺到的種種不適，除了想睡覺，還會出現情緒方面的不舒服，覺得緊張、脾氣不好。許多人很可憐，住在這二十四小時的星球上，卻有個二十四小時半的生物時鐘——這是指，一天二十四小時明明過完，上床睡覺的時間到了，但許多人還是能再清醒個半小時；也就是說，我們的生物時鐘會把每天的睡眠／清醒模式「向西推」約半個小時。如果你真的比較晚睡，你可能隔天會晚一個小時起床，所以你早上接觸陽光的時間就往後延，你的生物時鐘也跟著往後延，然後你的生理調節就失常了。

這就是星期一早晨出現時差的原因。很多人在週末上床的時間比平常晚很多，生物時鐘就會往西推。所以，如果你週末到了半夜三點才睡覺，然後週六和週日睡到十點、十一點才起床，會有什麼樣的結果呢？就是禮拜一早上你醒過來的時候，你身體裡的鬧鐘還在夏威夷時區，但你的人是在紐約！也就是當你床頭的鬧鐘在早晨七點鐘響起時，你的身體還以爲是半夜兩點。老天……

解決方法

所有專家都異口同聲表示，維持生物時鐘正常運作的首要法則，是每天在同一個時間起床。你每多睡一個小時，就是在把你的生物時鐘往後調一個小時。你每多睡一個小時，都需要花一天來恢復。也就是你在週六、週日睡過頭，會讓你到那個星期過了一半的時候才能調整過來。所以要每天都在同樣的時間上床睡覺。如果做不到這點，即使你半夜三點才回家，也要試著在同樣的時間起床，然後下床，做運動，吃早餐……到了「午餐後下降」時間，小睡一番。你會發現，這比你隔天睡得很晚來得好。

問題二：上夜班

百分之二十的美國人，工作是必須定期輪班的，譬如早上八點到下午四點的班、下午四點到午夜十二點的班，或是午夜十二點到早上八點的班。必須輪班工作的人，經常得重新調整自己的睡眠／清醒模式。有些人無法適應，結果六個月不到就不做了；也有人能這樣輪班工作三十年！這部分的數據多半是根據男性所得的結果，因爲男性佔這百分之二十人口的大半。

能夠忍受輪班工作的人，生物時間結構頗有彈性；對於輪班工作所需要的從顚峰到谷底的變化，他們的起伏度小，所以很容易適應。對於這類型的人來說，一般的晝夜規律只用了他們很少的能量；即使如此，這樣的工作還是有其代價：「男性輪班工作者適應症候群」出現在四十五歲到五十歲出頭的男性身上。由於必須上夜班而白天睡不著的人，會使用幫助睡眠的工具例如藥物或酒精，但是沒有任何東西能完全解決問題。患者在夜間上班時出現睡眠嚴重不足現象；情緒低落、意外風險增加、自尊與自信跌到谷底、工作表現也變糟。同時，出現體重增加的現象。

這些現象對整個社會造成可怕的後果：在情緒上，對於工作、婚姻及家庭生活感到不耐煩。紐約聖路克·羅斯福醫院肥胖研究中心的蓋力柏特（Allen Geliebter）醫師在研究中報告說，醫院夜班的工作人員平均增加了約四點五公斤的體重，而白天班的人員只增加了一公斤。更糟糕的是，研究人員發現，輪班工作者的血壓在夜間時沒有像正常情況那樣下降，而這增加了罹患心臟疾病的風險。研究也顯示，若要根除這些病徵，患者必須放棄輪班，並且要有固定的睡眠／清醒模式。基本上，做輪班工作多年後的人，若想調成一般睡眠習慣，需要六個月到一年的時間。由於這種「男性輪班工作者適應症候群」的蔓延廣泛，很多公司行號開始訂定人體比較能夠適應的輪班方式，並且開設關於生理運作及個人生物時鐘的課程。

芝加哥大學醫學系研究教授寇特（Eve Van Cauter）博士說：「人類很特殊，我們能忽視生理節奏的訊號，即使在身體不斷告訴我們該睡覺的時候，我們還是能維持清醒。」多數生物在二十四小時的循環中會在不同的時候偷個時間睡覺，而我們人類不同，我們睡固定的大塊時段，而且就某種程度來說，是可以用意志力來改變睡眠模式的。但是，我們愈忽視自己的自然生理節奏，就會愈難去忽視它；我們忽視需求的時間愈長，想去滿足需求的渴望就會愈強——這是我們體內平衡的大前提。這種讓身體運作得到平衡的體內驅力會在飢餓的時候出現，也會在睡眠不足時出現。我們愈久沒有吃到食物，就需要愈多的食物才能恢復；所以，我們愈久沒有睡覺，我們的體內平衡驅力就會愈急切發出想睡覺的訊息，我們就會變得更累，對於睡眠的需要也就更強。

解決方法

選擇一種工作班別，不要再改。到了週末不要變成另外一種步調，還是在跟平常一樣的時間起床。換班的時候要格外小心。在轉換班別時，最大的風險是在開車上下班途中及工作時的安全問題。范德畢大學一項研究指出，服用褪黑激素並不能幫助輪班工人適應夜間工作。

問題三：日常情緒波動

大多數人起床時是處在能量最低的狀態。這個能量會逐漸爬升，在早上十一點到中午這段時間升到最高點。到了傍晚，精力又到了低點，而緊張度達到最高——這是一天中最沒有生產力的時段。然後，在晚上前期，能量又到了另一個小高峰。

以下是大多數人每天都會碰到的兩個谷底。

1.早起懶洋洋

早上起床後覺得心情低落，這其實很自然，因爲從生物時鐘的角度來看，所有的東西在剛起床時都處在低水平位置。有時候一整個早上可能都是這種心情，但是不要因此錯以爲早晨的低落會延續一整天。不要被推銷早餐燕麥片的廣告中神情愉悅的演員給騙了；他們本人早上一起床的第一件事，很可能不是對著攝影機擺出歡顏。他們很可能是在早上的中段時間拍出那則廣告的，而你要是到了那個時段，也一樣會有笑容！起床後就提醒自己，一個小時後，你的心情會好得多。

解決方法

一餐豐盛的早餐可以讓你的血糖快速爬升。在早上運動會增加大腦中的氧，並且讓你在生物時鐘開始動作前就先讓荷爾蒙啓動。另外，晚上的充足休息會幫助你一早醒來能神清氣爽。良好的睡前準備工作能讓你得到好品質的睡眠，而後醒來時精神飽滿，而且舒服。以下是你該注意的幾點：

⊙避免咖啡因。咖啡、茶、甚至巧克力，會讓你在食用後的數個小時內清醒。若在晚上攝食咖啡因，很可能會破壞大半夜的好眠。很多美國人對咖啡因敏感，即使是中午喝一罐健怡可樂，晚上都可能會睡不好。

⊙避免尼古丁，它比咖啡因還要刺激。如果你抽菸或使用尼古丁貼片，愈早戒掉愈好。

⊙避免在睡覺前喝酒。酒精會干擾眼球快速運動（REM，即做夢）及NERM（深層的、恢復精力）睡眠。即使是晚間稍早時候喝了一杯酒，都可能破壞整個睡眠週期……而且降低你的工作生產力。

⊙維持健康而均衡的飲食——不要餓肚子睡覺，也不要吃得很撐就睡覺，這兩種情形都會導致入睡及維持睡眠的困難。如果你肚子餓，就少少吃一點東西，然後吃完至少隔半個小時才上床。

⊙定期運動，但不要在睡前的幾個小時做運動，因爲體力勞累反而會讓你清醒。唯一的例外是性高潮——對大多數人來說，無憂的、帶來滿足感的性可以帶來一晚好眠。

⊙營造安詳、舒服的臥房環境：

——床墊不要太硬，也不要太軟。

——調節溫度，不要太熱也不要太冷，溼度不要太乾或太溼。

——如果你房間外頭是嘈雜的街道，就用耳塞或冷暖氣機等會發出低聲響的機器來掩過噪音。

——確保房間裡有足夠的遮陽物，免得被太早的清晨曙光叫醒。

——保持房間、床單與枕頭的乾淨。

——睡覺時，不要讓寵物跟著上床。

⊙讓臥房有休息的感覺，而非工作或爭吵的氣氛。

⊙建立並維持一個睡覺時間的儀式。譬如每晚睡前讀翻閱輕鬆的書刊。

⊙睡覺前洗熱水澡。

⊙睡覺前不妨嘗試如靜坐、舒緩的深呼吸等技巧來放鬆。我學過氣功，氣功結合了靜坐、有節奏的手臂運動和非常久的深呼吸術。你需要有專業的指導才能把氣功學好。

做一張表格，記錄下你每日的睡／醒習慣，找出導致你無法入眠的問題。研究顯示，許多人需要十小時的睡眠才能有最理想的狀態。但是現代社會這麼忙碌，能有八小時的睡眠就算幸運了。假如你不希望心情和表現變壞，就請睡足八個小時。假如你能保持規律的作息，加上八小時的睡眠，那麼你的生物時鐘與內分泌之間的互動將會幫助你維持高能量和穩定的表現。你會發現自己工作的速度更快、更有效率。所以，請在你的行事曆裡標明要「睡眠八小時」。

晚安，好好睡，可別累積你的睡眠「債務」。

2.午餐後低潮

午餐後低潮指的是發生在下午一點到四點之間，清醒度減弱的這段時期。在這時段裡，工作表現打折扣，坐在照明不佳的室內的人容易打瞌睡，而如果你在路上開車，發生車禍的機率變高。研究顯示，多達百分之五十的高速公路致命車禍的肇事原因爲司機打瞌睡……而最常發生事故的時段是在淸晨四點到下午四點，一點也不讓人意外！

身體時鐘的理論，可以解釋午餐後的低潮。體溫、荷爾蒙多寡和其他生理循環的變化使然，我們到了下午就會感到處在低潮，明顯與飽滿睡眠的早晨、晚上前段等時期有所不同。

午餐後，你的血液流向胃與消化系統，離開了你其他的重要器官，你的心情也隨之往下掉。你會在下午中段到後段的時間想吃糖或其他碳水化合物嗎？當能量下降到最低點，而緊張程度爬到一天中的最高峰時，碳水化合物會帶來舒服的感覺，因爲這些食品能幫助大腦羥色胺減輕焦慮和緊張。同樣重要的是，碳水化合物會提高血糖濃度——這一點至關重要，因爲在下午時，你的胰島素會上飆，而你體內的葡萄糖是在最低的地方，於是，你的身體沒有足夠的糖來參與代謝和製造能量。此外，由於一天下來的活動與運動，你的肌肉製造出乳酸，使你覺得疲勞。這一切因素造成了下午後段的精神不濟感，也就是生物時鐘學家所命名的「午餐後低潮」(post-lunch dip)。

你的午餐後低潮程度有多嚴重呢?·伊利諾利大學藥理系教授莫理斯

（Ralph Morris）博士指出，你能夠多快從午餐後低潮恢復過來，要看你是屬於「早起的雲雀」或「晚睡的夜貓子」，也要看你的環境而定：你下午是在睡覺、玩耍、無聊，還是處於興奮狀態。過了這段午餐後低潮，如果沒有適當的其他外力，早起一族接下來可能都會在情緒上繼續處於低潮，身體上也可能有相同情況。而夜貓子們因爲習慣了很慢才展開一天，所以他們在午餐後比較快恢復，這段低潮對他們的影響力比較小，他們本來就在下午時才會感覺好！至於如何判定你是雲雀或貓頭鷹，請翻至第283頁做一份測驗即知。

解決方法

不同的社會各有其因應之道。英國人發明了午茶時間，攝食許多咖啡因和糕點來提振精神。西班牙人選擇了午睡。美國人乾脆舉白旗宣佈五點就不幹了，不幸的是，早下班這個方法，失去了一天中的生產力時段之一：晚上前段。以下是最有效的午餐後低潮的對策：

⊙吃一頓清淡而含高蛋白質的午餐。這能製造出警覺神經傳導物質，能對抗倦怠感，詳細內容在第四章談過。諷刺的是，午餐後低潮其實用錯字眼了——即使沒有吃午餐它也會發生，但是高碳水化合物的午餐會使情況惡化，讓你覺得更加倦怠。

⊙在午餐時段排出做運動的時間，以人工方式增加所有重要的荷爾蒙分泌量，用以營造下午的高峰期。如果你沒有時間運動，就到外頭去快步走一圈。

⊙安排比較不花精神的活動。如果可能，應該在早上或晚上前段做耗神的工作，而不是在午餐低潮期硬撐。

⊙在下午的中段吃個高品質的零食，以對抗下午後段升高的緊張感。此外，不妨喝點茶或冰涼的果汁。

⊙睡午覺。如果你睡眠不足，睡個十五分鐘到半小時的午覺。超過半小時會讓你覺得昏昏沈沈。邱吉爾睡午覺；富蘭克林也睡午覺。品質良好的小睡能立即增進生產力。記得前面說過的嗎？小睡是增進精神能量卻又不會增加卡路里的方法。小睡比食物更有效，而且不會有反作用。我父親非常相信在白天小睡的功能。除了運動之外，沒有比小睡更好的方法，它能立即抵消惡劣心情。如果你焦慮或非常緊張，沒辦法睡著，那就運動吧。不過，如果你有時差、睡眠不足，感覺精神不好，這時睡個二十分鐘絕對比吃東西來得好。

⊙記錄你的心情。大多數人除了心情好得不得了或糟到極點的兩個極端之外，一般是不會清楚意識到自己心情如何的。請記得，儘管精神能量不是正面心情的同義詞，但是一個正面的心情是製造精神能量最有效的方法。唯有觀察自己一天中的心情變化，你才能夠知道在什麼時候你需要提振精神，又是在什麼時候已經處於正面的、具創造力的心情。

問題四：生物時鐘情緒疾病

在生活中，你的生物時鐘影響著心情的改變，不過說到底，心情的改變其實反映出你的生活形態與你的調節器之間的關係。也就是說，如果你的起床時間和睡眠時間都很規律，你的調節器就會調適成與你的生活形態配合，兩者之間就能達到一個良好的關係——而你就會有穩定的心情變化。萬一你的睡眠模式很不規律，起床與上床時間都很不固定，所導致的結果可能不只是心情的搖擺，還包括眞正的情緒疾病。

新的研究顯示，睡眠規律若被干擾，會引發躁鬱症病患的躁症出現。躁鬱症是極端的興奮和嚴重的憂鬱相互交替的一種情緒障礙。匹茲堡大學醫學中心的西方精神病臨床學院的法蘭克（Ellen Frank）醫生說：「我們需要幫助患有躁鬱症的人建立穩定的生活規律，以維護病患的生物時鐘不受干擾。」將睡眠模式變正常，也可能會讓穩定情緒藥物的保護作用增強。法蘭克醫生還說：「病患需要過比較規律的生活，而規律的生活並不代表無趣的生活。」

德州大學公共衛生學院的司莫林斯基博士也研究生物時鐘與情緒疾病，特別是與憂鬱症的關係。他指出，憂鬱症病患通常太早醒來，而早上多從事低調的活動；他們早上的心情與晚間的生物節奏是一致的。因爲病患的情緒一直到早上後段或下午前段才會上揚，他們便一直處在低調活動力的狀態中。也就是說，有些病患的憂鬱傾向其實與他們生物時鐘的時間出了錯有關；他們的身體其實是在封閉的狀態，但他們在這時段嘗試與別人互動。

加州聖地牙哥大學生物時鐘學家克瑞波（Daniel F. Kripke）博士提出警告說，正常人若生物時鐘出現障礙，長期下來可能會導致憂鬱症或躁症等情緒障礙。爲什麼呢？克瑞波醫師認爲，這與生理節律系統的「提前」及「延後」有關，而此二者通常與情緒障礙有所關連。躁症患者、老年人及憂鬱症患者比較容易出現「提前」現象——他們很早起床，很早上床睡覺。青春期、二十多歲的年輕人或是患有冬日憂鬱症的人，傾向於「延後」——他們不容易睡著也不容易醒來。體內自動節律系統的提前或延後，在今日高度競爭的社會裡，很可能造成嚴重的睡眠障礙，進而轉變成情緒疾病。

解決方法

如果你屬於「提前」型，那就考慮在晚間使用明亮的照明；如果你是「延後」型，就在早上用很亮的燈光照明。切實維持固定的起床與睡覺時間。

不是所有的情緒疾病都跟生理節律系統有關。如果你有規律的睡眠時間，但仍苦於情緒的大幅度起伏，而且在第17至18頁的測試上得分很低，那麼，你便需要找醫生談談，討論病因與治療方法，包括藥物療法。

問題五：沮喪

有些人相信，感到哀傷是人生的常態。這是沒法子改變的事。太多人默默接受了沮喪、疲倦、不富產力的心情狀態，而其實根本就不須如此。

請記住，過了很糟糕的一星期，並不代表你患有憂鬱症。康乃爾大學威爾醫學院精神病學臨床助理教授戈史密斯（Scott Goldsmith）博士說：「要判斷有無憂鬱症是很複雜的過程，不是光感覺悲傷就算，當然憂鬱症是絕對會感覺悲傷的。憂鬱症比較像是戴了一副眼鏡，看所有事情都覺得比較無趣，沒有希望，而且這種感覺可以維持好幾個星期甚至幾年之久。受良好訓練的醫師會看各項因素，包括情緒障礙、自尊困難、睡眠變化、體重變化、無法從事物中得到樂趣、缺乏活力，關注焦點改變。在考慮治療之前，很重要的考量是，患者的憂鬱症徵狀是不是表象，底下其實另有其他病症？你要評估求診者生活中所發生的事，因爲生活壓力也會導致和憂鬱症相似的徵狀，或甚至出現憂鬱症病徵。好消息是，治療方法與藥物推陳出新，能提供非常顯著的幫助。」

解決方法

如果你成年後經常有心情低落之苦，你該慎重考慮長期使用抗憂鬱劑。如果你曾經經歷悲慘的事件，也許你可以考慮服用抗憂鬱藥劑。不論是哪一種情形，都請你的家庭醫師與精神藥理學家會診，再做決定。

超過百分之八十以上的憂鬱症患者，可以經由現代醫療得到復原，不過治療方式必須針對不同個體的生理與心理而定。麻州貝爾曼麥克林醫院的精神醫師，同時也在哈佛醫學院教授精神病學的吳寇維克（Alexander Vuckovic）博士比較了兩種抗憂鬱劑：「你會發現，百憂解比較有提振的功能，所以它是開給因憂鬱症而變得懶怠的病人。相反的，Serzone 對於有焦慮的病人來說則有鎮靜的效果。」

包括我父親在內的一些精神醫師發現，對於中度到重度憂鬱症來說，MAO（單胺氧化脢）抑制劑群的藥是最有效的，像 Paxil 一類的藥會取走可能是致使你成功的「銳氣」，而MAO抑制劑則會保持這股銳氣，同時讓大腦得到能量和強大的抗憂鬱效果。許多醫師害怕抗憂鬱劑與錯誤的藥、酒精或乳酪合用所聲的副作用。（乳酪這一類的陳年食物會製造一種物質，叫酪胺，而MAO能分解酪胺，所以當MAO被抑制時，你會因爲有了太多的酪胺而造成血壓上升）。

精神藥理學最新的潮流是同時服用兩種藥，這會產生大於服用單單一種藥時的增效作用。譬如，吳寇維克醫師說，Wellbutrin 或 Dexedrine 可以與百憂解或 Paxil 等SSRI（選擇性羥色胺再吸收抑制劑）的藥物合開給病患。有的醫師會在抗憂鬱劑外再加少量的甲狀腺荷爾蒙，以求提振作用。也有醫師會綜合兩種不同類別的抗憂鬱劑，例如三環抗憂鬱藥及羥色胺再吸收抑制劑。愈來愈多的研究人員了解，每一個人的情緒背景很不同，需要的藥也就可能大相逕庭。有些藥對同一家族的人很有效。譬如，如果 Paxil 對某人很有效，它就有可能對此人家中所有成員都有效。我舉這些例子不表示我在推薦這些藥，而是讓讀者知道，現在的治療方法有這些。

從輕微的憂鬱症到躁症之間，學界提出了分界線來區分其中不同；而處在這兩端之間的人，其實眞的可以自由選擇自己的生活。我看到我的親戚和患者因爲心情調整到高比較的水平而出現的轉變，猶覺得無法置信。可惜，自從採行「管理醫療」(managed care) 之後，病患要看精神藥理醫師就沒那麼容易了。這導致了患者沒有取得眞正適合的藥。而我發現，頂尖的精神藥理醫師好比今日社會的魔法師，他們能「因人配藥」，針對不同個體的心情與人格，調配出各種不同的藥物與荷爾蒙組合。

藥吃對了，可以成就你，也可以毀了你。長久以來，在躁鬱症患者身上往往看到非凡的創造力；患有躁鬱症的藝術家、音樂家及作家多得不得了，幾乎讓人以爲得這種病乃是擁有創造力的先決條件。不過，很多躁鬱症患者會告訴你，在接受治療之後，他們得到了最有生產力的豐富日子。因此，由頂尖精神藥理醫師做出準確的診斷，來評估你需不需要吃藥，又該吃哪種藥，是如此重要。沒有得到正確的幫助有其隱藏的危險，而這種危險多不勝數。

能不能有一種「個性藥丸」——也就是不把精神科最有效的藥用在治療精神疾病上，而是用它來增進表現。這種藥會有效嗎？最近有研究顯示，沒有任何患精神疾病的人在服用 Paxil 之後能夠出現明顯的個性的細微變化。艾拉尼綜合醫院正在進行一項研究，研究的是我稱爲「壞個性人格特質」的症候群，以易怒、壞脾氣、不友善等難以相處的人爲研究對象。研究結果顯示，服用抗憂鬱藥物之後，壞個性的特質消失了。

不過，說實話，如果你沒有眞正的憂鬱疾病，那麼現有藥物對你的副作用可能遠大於它的好處。一個有正常功能的人，因爲缺乏活動、飲食不佳、睡眠不足而心情低落，他會受不了抗憂鬱藥物所帶來的愛査與慾望喪失。有人提出討論，認爲若干藥物是否會摧毀讓人得以成功的某些能力。這裡有幾則軼聞可供參考。一位傑出的大企業家患有注意力不足症（Attention Deficit Disorder, ADD），但是他發現，這個病讓他能很快就把注意力從一筆交易轉一到下一筆。若沒有了這種病，他也許能專注於某一種事業並取得成功，但是他就沒有辦法同時關注幾種不同的行業，而他這樣的轉移幫助他建立了一個超級集團。吳寇維克醫師提供了另一個例子：一個能力很強的銀行投資家，服用了醫師所開的SSRI抗憂鬱藥物，雖然他得到了前所未有的放鬆感，但是他失去了做生意的動力。藥物可能會引起疲勞、造成能量的喪失，所以我才如此堅信，本書第一篇所列的方式是增進精神能量的好辦法。

如果你的心情並不是低落的，請記得：生活中的事件，或甚至只是換季成爲寒冷的冬天，都可能讓你的心情變壞。我自己以前在冬天的時候，如果放任自己的心情往下掉，我就沒有辦法維持平常的好情緒，沒聯絡我該聯絡的人，甚至於覺得不配和那些我必須談話的人講話。但是當正面心情回來的時候，結果又是那麼令人驚訝——計畫做得好得多、目標遠大，也有執行的能力。本書第二篇將會介紹許多製造正面思考的方法。正面思考對於憂鬱症的效果可以跟藥物相提並論。

問題六：冬日無力感

在不見陽光或太陽只短暫出現幾個月的地區，患者會出現季節影響失調（SAD），而在冬天發病。這是「冬日無力感」最極端的形式。患者表現出憂鬱症的典型症狀：早上無法下床，很快感到疲倦，胃口大增（特別嗜吃甜食或高脂肪食物），通常體重增加。有些患者長時間賴床睡覺，謝絕一切社交活動，而這又加劇了憂鬱症症狀。女性患者的經前症候群也會加重。由於室內照明度只有陽光的幾分之一，所以白天在室內工作的人或在白天睡覺的夜間工作者，特別容易罹患季節影響失調症，而且症狀可能整年不退。

哥倫比亞大學精神病學臨床心理治療教授特曼博士剛剛完成一項爲時六年的臨床試驗，這是針對光線療法歷時最長期、最大型的研究。他比較了以下四種治療方式的優劣：

第一種：早上一起床，就在一萬燭光的光線下曬三十分鐘；

第二種：在睡覺前的九十分鐘，曝曬一萬燭光的光線三十分鐘；

第三種：早上一起床，在接受強光療法的同時，也暴露於高密度負離子環境中；

第四種：早上一起床，暴露於只有安慰作用、差不多與家庭用空氣清淨機相同的低密度負離子環境中。

特曼博士發現，光線療法和高密度負離子療法都比安慰療法有用得多。就統計數據來說，早晨光線的效果最好；在所有情境中，最多人在早晨光線下出現最少的憂鬱症症狀。而當光線療法停止，憂鬱症就會復發。

對於我們來說，這項研究最大的突破在於，臨床觀察和至少一個正式研究已經證明，密集的光線療法有助於治療「冬日消沈」（winter doldrums），一種輕度的季節影響失調症。

此外，光線也能治療女性的經前症候群及貪食症，而且是一年四季都有用。在一個月的月中以後施行光線療法，女性可以不再有經前症候群的困擾；若定期施行，可以顯著降低嘴饞的慾望。

解決方法

光線的類型和品質，會大大影響你的感覺。如同前面所提，買一個高亮度的燈來抵抗冬日憂鬱。我自己用的是高亮度的日出模擬器，所以當我在紐約陰沈寒冷的一月天也可以覺得自己在巴西醒來。

如果你的憂鬱症嚴重，你不妨在日出模擬器之外再加一個光線箱。治療方法如下：靠近光線箱坐，光線箱表面的屏風裡含有一組明亮的日光燈泡。研究人員不贊成直接朝著燈箱光源看，但你在治療過程中可以自由活動，不過要記得用那個光源來照亮你。你的頭必須朝著光線箱，才能得到最大好處。這一點非常重要。你可以閱讀，但不適合看電視。即使你的頭部與眼睛只離開光線箱正面一下子，都會大大減低光線進入視網膜的機會，治療效用也會打折扣。

特曼博士在實驗中使用的光線箱是由天一公司所提供。天一光線治療箱提供一萬燭光照明度，並有去除紫外線設計，光線也設計成由上照射，讓人不會直視光線。如果你有視網膜問題，那麼未經眼科醫師允許就不該使用亮光治療，而且治療時應有醫師在場。

問題七：提神醒腦的藥物

有些藥品會延遲褪黑激素的釋放；褪黑激素是大腦叫我們睡覺的荷爾蒙。譬如，患風溼的人在睡前吃風溼藥，以緩和隔天的疼痛。但風溼藥會抑制褪黑激素的釋放，所以在晚上吃藥就破壞了睡眠模式。從生物時鐘的角度來看，晚上吃風溼藥其實是錯誤的做法。醫生可能會開給你幫助睡眠的藥物，但是在吃藥之前，請先衡量自己的身體需要。藥是對的，但吃藥的時間錯了，反而可能使情況更嚴重，讓你有更多失眠的夜晚。

解決方法

和你的醫生討論藥方中可能會干擾睡眠的藥品。記得，大部分的疾病都有自己的生物時鐘，並在特定的時刻呈現最強的效果，所以請小心安排吃藥的時間。如果可能的話，不要太晚服用會影響睡眠的藥。

問題八：淡出的雲雀

「早起的鳥」與「夜貓子」是兩個用來形容個人生物時鐘類型的名詞。史丹福大學睡眠障礙中心的明格納（Emmanul Mignot）醫學博士說，這些很可能是天生的。他的報告指出，如果你帶有一個稱爲三一一一C的時鐘變異基因，你就有「多夜少晨」的傾向。他估計，帶有三一一一C基因的人，比沒有帶有此基因的人「睡眠時間晚平均四十四分鐘」。這表示，帶有三一一一C基因的人傾向於比一般人晚睡晚起。

你是哪一種類型的人？想要知道答案，請翻閱第238頁，做一做測驗。感謝洪恩（J. A. Horne）與歐茲堡（O. Oestberg）慷慨提供了這個測驗。

「早晨型」指的是喜歡在早上五點到七點起床，而在晚上九點到十一點休息的人。這些人被稱爲「雲雀」，因爲早上的他們開心得像小鳥。跟晚起型的人比起來，雲雀們醒來的時候，褪黑激素已過了分泌顚峰好幾個小時，也就是說，他們離身體內部自動發出的最後一劑安眠藥已經很遠了，所以他們很自然不會在早上覺得昏昏沈沈。

雷登大學的研究人員最近提出了關於這兩者生理差異的報告。研究人員追蹤記錄人的體溫在一天中的變化，他們發現，早起的人和晚起的人在體溫方面有不同的時間差——雲雀的生理時鐘比貓頭鷹早兩個小時。

雲雀的問題在於，在下午和晚上很快就會像電影結束的畫面那樣「淡出」，失去了很多有生產力的時間。

解決方法

如果你是雲雀，請一定要在早上盡量發揮生產力。然後吃高蛋白質的午餐，以此保住下午，然後在下午中段到傍晚時候做運動，以求另一輪的精力。

問題九：昏沈沈的貓頭鷹

晚間型的人喜歡晚一點起床（早上九點鐘到十一點鐘）、晚一點睡覺（晚上十一點到凌晨三點）。怎麼樣的人是貓頭鷹？貓頭鷹族的生物時鐘會把一天設定得比較長，約爲一天二十四點八個小時。這表示，每一天早上，貓頭鷹們天生就會睡過頭。對貓頭鷹來說，他們必須比自己體內所設定的時間還要早起床才能調整生理節奏，配合只有二十四小時的一天。醒來的時候，貓頭鷹的情緒比較低落，因爲他們的生物時鐘告訴他們「現在還是睡覺時間」，而他們必須起床。貓頭鷹起得晚，因爲這是聽從他們自己的生理節奏；可是他們的起床號和別人一樣，這就讓大部分的貓頭鷹族在早上時昏昏沈沈，而且頗沒有工作效率。

解決方法

如果貓頭鷹族可以「收復」他們失去的上午時光，他們就可以擁有早晚兩個世界。貓頭鷹族最關鍵的問題是他們晚上總是想撐晚一點，習慣性要熬夜看書、寫東西、講電話或看電視。良好的睡前準備動作，強迫自己每天早上在同一時間起床，曬一曬早晨的陽光，能讓貓頭鷹族獲得好處。其他能提供沈穩睡眠的方式，請見本章中先前介紹的要領。

問題十：旅行不適

經常要在全球不同時區做短暫停留的空中飛人，常出現嚴重的睡眠不足，這在頂尖睡眠專家眼中是一種病。做新聞這一行，你可能今天在紐約，明天就飛到莫三比克、孟加拉、剛果或科索沃，精神狀態很差，還可能會到沒力氣、想嘔吐的地步。你很難做運動，連想讓頭腦有條理都做不到。這全是因爲你的形體在一個時區，但你的生理時鐘停在另一個時區。東京的正午，你的生理時鐘卻處於凌晨十二點，體內分泌的褪黑激素讓你想睡覺，血壓和脈搏也在下降；

東京時間晚上十點你要就寢了，你身體所有的系統卻待續勢發。這時的你，只能盯著天花板看。

解決方法

專家相信，每天要調一個小時才能找回生物時鐘原來的節奏。年紀大一點的人，特別又是逆著太陽飛行的話，就可能要兩天才能調一個小時。跨越時區旅行的最大問題在於，你的生理節奏還是有其自然的高低起伏，會自動製造甲狀腺素和可體松等荷爾蒙。如果你嘗試要入睡，但這些荷爾蒙都在高水平的狀態，你就會沒辦法睡好，第二天也因此完蛋。我在寫這一頁時，人正坐在從沙烏地阿拉伯飛往紐約的飛機上，這兩個地方相差七個小時。以前的我會好幾天都很難受，頭昏腦脹，也提不起勁運動。現在我學會不碰酒精，不吃太飽，並且適當地運用光線與睡眠，我空中飛人般的生活全然改觀。

關於這方面的問題，有幾種解決方式，分述如下。

一、**藥品**

褪黑激素　褪黑激素的生命只有一個半小時，所以在藥效過後，你血液中的褪黑激素只剩下一半。這表示褪黑激素是作用期很短的藥，在晚上十點服用的人，也許入睡沒有問題，但是若要繼續維持睡眠狀態可能就有困難了。如果你的問題是睡不著，就在睡前服用；如果你的問題是半夜會醒來——那，就醒來的時候吃吧！不過請小心，褪黑激素有處方過量的情形。醫師們不建議在白天服用褪黑激素，因爲會因此破壞你正常的睡眠模式。麻省理工學院的烏曼博士只建議零點三毫克的使用量。然而，這麼少的劑量只能對很少數的人有效。

多數人需要重一點的量。

安眠藥 我以前什麼藥都不碰，而且認爲服用安眠藥會上癮，而且它根本就是有害的。後來我改變了想法。恰當的安眠藥品可以讓跨時區的飛行變得不一樣。現在，我如果是往東飛，我會在起飛時吃一顆安眠藥，然後在飛機上想辦法多睡。假如你刻意要爲晚餐和香檳保持清醒，隔天就會付出代價。哪一種安眠藥最有效，端視個人生理結構而定。Halcion 雖然惡名昭彰，但是幾乎沒有別的藥能像它一樣，讓你不用數幾隻羊就能在長程越洋飛行中睡著。最近有一種受歡迎的藥「安眠」(Ambien)，很多人用後的副作用較少。不過，就和所有的藥物一樣，大約有十分之一的人會對安眠藥產生不適的反應或副作用，所以請小心使用。聽聽醫生的看法。

二、光線

你的身體、你大腦的溫度和褪黑激素，是你體內生物時鐘的重要指標。身體和腦部在白天的溫度比在夜晚高，褪黑激素的分泌量在白天時很少，夜晚時很高。哈佛醫學院醫學系助理教授狄吉 (Derk-Jan Dijk) 博士說，這些變化與生活中的表現有關：我們在白天的表現比夜晚好。溫度、荷爾蒙、表現的節奏變化，可以用接受光線的曝曬來調整。所以，出遠門旅行的時候，要照當地時間起床和睡覺，早上一起來就走到陽光下，讓陽光來調整你的生理時鐘。如果是冬天，外面沒有陽光，就把室內所有燈都打開，幫助你調節時鐘。

三、選擇航線

由西往東飛 假如是從美國飛往到歐洲，盡量選白天飛行的班機。上了機，拉上窗簾，盡量全程都保持清醒。如果你必須搭晚上的班機，就盡量早，在機上好好睡一覺，然後在日出時醒來；如果是夜間班機，選擇能停留在黑暗中愈久的愈好，所以選晚上六點起飛會比十一點才起飛的班機好。不要選要轉機的班次，盡量選直飛的路線，才能得到完整的一夜休息。

如果你在目的地只停留幾天，就讓你的手錶停留在原來時區的時間，並且讓作息盡量不要脫離你原時區太遠。如果你從紐約出發要在歐洲待兩天，假使你兩點上床，早上九點或十點就起床，你才能比較接近美東時間。如果你的飛機在早上七點抵達，就戴著深色太陽眼鏡戴到十點，這樣你的生理時鐘才不會被弄混。你第二天早上睡覺時，記得讓房間保持黑暗，以免時鐘被重新設定。

由東向西飛 永遠跟著太陽飛——也就是說，盡量選擇太陽還在的時候搭飛機。因爲由東往西飛，你的生物時鐘會比較快調整，所以盡量利用太陽這個優勢。試著讓靠近你的窗戶遮板開著。抵達目的地之後，要撐到太陽下山才睡覺。

下回你的生物時鐘遇到問題時，請再回頭讀這一章。記住，所謂的「正常」的早上和晚上，多少會取決於每一個人從社會與文化的經驗當中所認識到的早上和晚上。比方說，一百五十年前的社會，普遍養有乳牛，人們一般是早上四點起床！今日情況已不再是那樣，比較規律的睡眠時間可能是晚上十點上床，早上六點起床。而如果你在半夜兩點以前沒辦法睡覺，早上十點起不了床，你就有可能因此失去工作。

許多人低估了我們體內的節奏對於清醒程度和精神能量所造成的影響。因爲很多人很久沒有「清理」自己的節律器。假如你的節奏器已經閃閃發光，精神能量也到達了新的里程碑，你就可以前來迎接第二篇「6種心理」了。

第二篇

6種心理

在第一篇裡面，我們學到了製造精神能量的方法。但是，光是精力充沛並不等於成功。一隻實驗室白老鼠也可能很有活力。不過，白老鼠不像我們人類有一個很大的大腦皮層，這兒是大腦的思考中樞，正是造就天才的地方。理論上，一個白癡也可以很有精神、很開心，你沒看到經典喜劇總有很多傻瓜角色。精神能量只是正面思考的一個舞台與發射台。正面思考和創意思考的源頭是在大腦，人生的大勝利也來自這裡。

傳統看法認爲：別擔心，開心點。

本書認爲：點燃一片天。

生理基礎

關於正面思考的研究，已在精神病學界發展成一個理論領域。其重點在於截斷負面思考。令人驚訝的是，不論我們認爲自己的想法多麼開朗光明，許多人的內在其實有著很多負面的聲音，終日纏絞著我們腦部中的通路。如果你靜下來聽這種喋喋不休的聲音，大部分是些沒用的廢話；大部分的時間裡，我們只是在摧殘自己。我們的心情愈負面，就愈會對自己嘮叨。「正面思考」這門學科，是可以經由特定的治療而學得的，療法之一即爲「認知治療」。

認知治療教導你如何在嘮叨聲不絕於耳時抓住那負面思考，然後將之換成比較合理且較具鼓勵性的思考和想法。在進行認知治療的過程中，治療師使用談話治療及行爲處方中的不同技巧，幫助患者減輕及改變負面的思考模式與信仰。譬如說，一個業務員在電話中沒辦法跟買主老闆講上話，還被對方的秘書訓了一頓。業務員心裡面的聲音可能說：「看吧，你根本不行，你從來就不行。」如果他能抓住那個負面想法，評斷它一番，把它轉變成比較正確的回應：「老天，時間太早了；那個秘書昨晚一定很不開心；她老闆也可能昨晚過得不愉快。我其實是個不錯的業務，改天再找個好時間試一次。」這就是認知治療發揮了效用。

第二篇共包含了六個建立正面思考的方式；在進入這些方式之前，讓我們先來仔細認識何謂認知治療，了解一下爲何正面思考能改變大腦。

認知治療

認知治療的理論根據是這樣的：人的情緒，是被人的看法和對世界的觀感所控制的。憂鬱症的成因，是由於患者不斷苛責自己，預期自己會失敗，對他人和自己的看法做出不正確的評估，感覺沒希望，對世界與未來抱持負面的態度。

你也許對「談話」治療嗤之以鼻，但是，請你聽聽以下事實：使用大腦掃描的研究發現，接受認知治療的人和服用百憂解的人，在掃描畫面上出現相同的變化。這顯示，光靠正面思考就能改變大腦運作的方式。這是現代精神病學眞正的一項大革命。「談話治療」至少和吃藥的效果一樣好。爲什麼？首先，在多次的談話治療後，神經元組之間會產生新的、重要的連結。這表示你的大腦在根本結構上已經在改變——即使還只是很細微的程度。其次，即使是沒有服藥，認知治療也增加了腦中能抵抗沮喪和焦慮的神經傳導素。

認知治療可以改變大腦運作的網路——這是大衛森博士在檢驗了科學實證後所得的結論。譬如，現在已經證明了強迫性精神官能症行爲中，認知治療可以造成大腦通路的改變。

范恩（Susan Vaughan）博士對於談話治療的效果很有信心，她所寫的一本書以佛洛伊德所說的一句詞當書名：《談話的治療》（*Talking Cure*）。范恩博士說：「談話能改變大腦的結構；神經細胞出現了不同的連結，於是有了不同的生長方式，然後新的連結再形成新的結構。我們藉由連結的改變而學習，並且儲存訊息；在不曾連結的細胞之間建立了連結，而這個連結當中就有知識。」所以說，談話讓大腦細胞產生新的連結；經驗會改變腦細胞的形狀及細胞間的連結。

大腦皮層與相關連的皮層（在頂葉中）是談話治療所影響到的主要區域；這些皮層與最高級神經活動有關——大部分的資訊都來自腦中這個部位。經過幾年的心理治療後，大腦看起來可能會不一樣；但由於改變是發生在神經元之間、最小單位的細胞上面，所以很難看得見，不過，這種大腦皮層的變化還是比藥物帶來的改變更長久，因爲這是在改變大腦的結構，而藥物只是改變大腦的化學作用。在憂鬱症的治療上，最好的結果是結合藥物與心理治療所產生的，因爲這兩者對彼此有增效作用。

複雜思考之辯

出版界出現一股新流派，致力於用簡單的方式來表達複雜的想法或問題。在美國社會裡，從基本的食物群到音樂，幾乎每件物品都以小爲尙，追求簡單。這種傻瓜效應使得我們坐在電視機前看重播的影集，而不去鑽研別的有助於提升事業的重要科技新訊息、哲學辯論或歷史文件。我們飲食和運動的方法是那麼小心翼翼，竟然沒有個個變成超級胖子，可眞是一樁奇蹟。這種膽怯作風是在把我們變成一個旅鼠的國度，只擠在自己熟悉的土地上。然而，外頭有更寬闊的世界——不是更具威脅性的世界，卻是能讓人更有成就感的世界，因爲它挑戰我們去駕馭更高的複雜度。

簡單地說，生命中的大喜悅可以是對複雜活動的進行與掌握，可以是學習外語、聆賞一部交響曲、研讀經典名著，或是鑽研一段你原本不熟悉的歷史時期。相較之下，我們在本書第一篇中所介紹的增進心情與大腦能量的方法，算是簡單的。然而，沒有人想當一個快樂的傻瓜，事實上，許多人還相信快樂是不可企求的呢……我們永遠不可能沒有渴望與焦慮，但是我們能夠取得莫大的滿足感——只要建立起正面思考。正面思考能鼓勵我們嘗試複雜的任務，而這努力很快就會有其收穫。

一旦我們掌握了複雜思考並且取得了更大的成功，工作就會變得容易許多。施法蘭（Fran Shea）說：「在我事業剛起步時，我花了大量的時間在工作上，一天可能工作到十五個小時。但是我愛死了我的工作，從裡到外都喜歡。我的點子比我的時間還多。我很幸運，遇到這一行蓬勃發展，時機很對。」現在，她是E!娛樂企業（E! Entertainment Network）的老闆，傳播界數一數二的女性總裁。加州大學厄文分校小兒醫學系的海爾（Richard J. Haier）博士，使用腦部影像來測量大腦的活動及新陳代謝。他以學生爲研究對象，讓他們玩「俄羅斯方塊」這種電子遊戲。第一天玩過後，掃描學生腦部，結果呈現出很高的新陳代謝活動量；兩個月後，學生又接受掃描，雖然學生們玩這項遊戲的能力已增加了七倍，掃描出的影像卻顯示他們的新陳代謝活動出現急劇的下降。這個研究顯示，我們對於某件事愈在行，我們所用到的大腦能力就愈少，也就是說，我們可以用比較少的力氣完成同樣的工作。雖然俄羅斯方塊並不是非常複雜精細的腦力活動，不過這個實驗顯示出來，企圖解決複雜問題時，我們的大腦是在用更聰明的方式運作，而不是更辛苦。

在接下來的章節，我們將一一檢視製造正面思考模式的步驟。先簡介如下。

第一步：**抬頭仰望星空**　把你自己改造成一個堅定的樂觀主義者。這是一門嚴肅的科學，不是普通心理學。

第二步：**掌握最佳演員的特質**　向有成就的人生實踐家學習他們的技巧，並且完全專注於當下，以此把焦慮拋開，排除掉那些會使你遠離成功的干擾。

第三步：**發揮大腦中最強的功能**　用一個很特別的測驗來分析你的人格特質。運用從這個測試所學得的知識來與別人和睦相處。根據你大腦的結構來追求成功。

第四步：**播放情緒**　藉由情緒的擴散，把你身邊的人轉變成你的盟友，給予你情感支持及團隊力量。「情緒播放」是二十一世紀的「連線」，確實能改變你身邊眾人的情緒。

第五步：**相信自己在宇宙中的渺小**　學習從禱告中獲得更深層的樂觀態度與正面思想。關於心靈成長的研究有著堅實的科學研究基礎。

第六步：**先創造一個感動你的故事**　這個方法會幫助你集中所有的精神能量與正面思想，讓你專注於創造你的人生故事。

1

抬頭仰望星空

你說你討厭樂觀的人。你腦中浮出這樣一幅畫面：某個傢伙晚上在看不必花大腦的小說看到半夜三點，然後清晨五點就起床，一邊洗澡一邊大聲唱歌，把整屋子的人吵醒，破壞了你的一天。可是，仔細一點來想，你會發現，樂觀的人經常是人生的贏家。他們比較有錢、比較成功、比較健康、學校功課比較好，連人際關係和婚姻也比較好。

前任蕾蒂夫大學校長威爾森說：「我是個樂天派。所謂樂觀的意思是說，我們心中期待著事情可以做得更好。譬如說生了一場病，就會假設它有變好的可能，重點在於不要一開始就假設事情會失敗。」樂觀的人特別的地方在於他們有堅決的意志，而且在面對困難時腦筋靈活。樂觀主義是高水平的精神能量。

E!娛樂公司的總裁施法蘭說：「我認爲，樂觀是一種必須付出努力才能擁有的東西。雖然我是天生樂觀的人，但是今日社會的步伐太快了，以致於大家普遍都沒有時間用樂觀的想法來區分工作的輕重緩急。」

傳統看法認爲：樂觀的人沒辦法應付現實。

本書認爲：樂觀的人是最有辦法處理現實的人。

生理基礎

比較樂觀的人，在做自我描述時會說自己是：清醒的、有自信的、熱心的、積極的、忙碌的。而這樣的人比較不容易沮喪。威斯康辛麥迪遜大學心理學暨精神病學教授大衛森對「樂觀」進行了全面研究，他發現，樂觀的人在面臨壓力時，其體內的殺手細胞（Killer cell）的活動量比較高，因此比較能夠抵禦疾病的入侵；而他們體內的壓力荷爾蒙可體松的活動量比較低。這些實驗觀察提供了絕佳論點，可以解釋爲什麼樂觀的人會比悲觀的人成功。

針對這個課題，我訪問了沙立曼（Martin Seligman）博士。沙立曼博士著有頗受推崇的暢銷書《樂觀可以學》（*Learned Optimism*），也是當今談論樂觀主義、無力感、解釋風格（explanatory styles）等問題的專家。

對於多數人來說，阻礙他們取得成功的最大絆脚石是，他們內心並不眞正相信自己會成功。這些人在長久經驗的累積下，變成了很無奈的人——沙立曼博士稱此狀態爲「學來的無力感」，而這就是悲觀主義的中心。我們找出千百種藉口來說自己做不到——結果，你也知道的……你就眞的做不到。悲觀的態度，使得我們造成了自己有缺憾的命運。沙立曼博士說，悲觀是一種會自我實現的預言：「二十五年的研究讓我深信，如果我們習慣性地相信我們所遇到的不幸都是自己的錯，認定不幸會繼續發生、會毀掉我們的一切努力，那麼，不幸就更可能會降臨到我們身上……如果我們無法掙脫這種想法，我們不但很容易就會沮喪，也比較無法把潛力完全發揮出來，甚至也比較容易生病。悲觀的預測，是會自我實現的預言。」悲觀的人比較被動，也比較不會積極避免壞事，而一旦事情發生了，也比較不會去阻止事情繼續發生。

你是哪一種人？樂觀派還是悲觀派？你覺得自己屬於哪一種？典型的悲觀派相信，如果有什麼不好的事情發生了，這件事會持續很久，然後這件不好的事會毀掉他，而這全是他自己的錯。悲觀派會先想著最壞的情況，容易沮喪，對所有事情較容易感到無力。樂觀派則相信，某件壞事是一時的，是能夠克服的；壞事的發生是因爲某個因素或自己運氣不好。樂觀派不會被失敗擊倒，相反的，他們認爲「壞事」是一種挑戰，有待克服，而他們很快就能重整精力，最重要的是覺得事情由自己掌控。你如何看待與解釋自己生活中的事件，都取決於你是悲觀派或樂觀派。以悲觀派來說，沙立曼教授提出三個「都」來說明他們如何看事情。

都不會變　悲觀的人很容易放棄，因爲他們認爲情況永遠不會變，壞事件會繼續壞下去，會一直存在於生活當中。但樂觀的人相信，壞事是暫時的。比方說，悲觀派的人認爲：「你都不跟我說話。」而樂觀派會說：「你最近沒跟我說話。」一旦事情出了錯，誰都會感受到失敗感。而你多快能跳出這樣的情緒，就反映出你這個「都不會變」的認知有多深。

都是這樣　有些人會讓失敗感蔓延在生活的所有面向。可是就算你丟了工作，你原本的妻子或女兒或義工的角色並沒有因此改變。沙立曼博士說，一言以蔽之，這是「普遍」對「特定」的不同。「對於失敗做出普遍性解釋的人，在局部出現挫敗時，就全面放棄；而對失敗做特定解釋的人，可能在那個地方感到無力，但在其他方面仍然可以往前走。」

都是我不好　事情出錯時，你會怪罪誰？把過錯攬在自己身上的人，容易出現低自尊，覺得自己不被愛或沒出息，而那些不把錯誤歸咎於自己的人，情況恰好相反。

對策

ABCDE樂觀法

若想變得樂觀，你必須在遭遇失敗、挫折或悲劇時，學習一套跟自己說話的方法，改變你解釋事情的方法。沙立曼博士稱此爲ＡＢＣＤＥ法。

Adversity 逆境

你天一亮就起床，整理好床鋪，打了電話給兩個新客戶，就在準備出門上班時，你四歲大的兒子把早餐打翻在地上。你一時失控，對著小孩大喊，而他一臉疑惑看著你。

Belief 信念

「我眞是個笨媽媽，我就是做不到。我這是最差勁的示範，連對自己的孩子都不能和顏悅色。我的孩子長大後會變成對外界懷抱敵意，他會用憤怒與挫折來面對世界，一輩子不會有什麼成就。」

Consequence 結果

「我真的好沮喪。」

Disputation 反駁

若要反駁別人所加給你的任何指控，就把那個指控想成是你的死對頭所說出來的話。因爲這樣你就會想頂回去，你不相信自己是一個笨媽媽，那麼，就頂嘴吧！就像律師要攻訐帶有敵意的證人一樣，用以下的辯詞來反擊你悲觀的想法。

・把事實攤開來，讓你的信念顯得是不符合事實的。看，那麼多證據證明你不是笨媽媽：你把孩子照顧得很好、準時送他們上學、晚上講故事給他們聽……你只是一時情緒不好。

・不要把那個情況想成背後有的問題。沒錯，你是大聲喊了，但是，有那麼嚴重嗎？會使你的孩子念不了哈佛還是會變成殺人犯嗎？只是大聲喊一下，並不代表是一場大禍。

・找出別的解釋。把注意力放在會改變的、特定的、非關個人的因素上。譬如說你爲了照顧一個新生嬰兒而整夜沒睡，所以火氣大了一些，這跟「笨媽媽」是差了十萬八千里的。

・看一看你的信念有多少用處。你認爲自己是個笨媽媽，這個想法有什麼用處？對什麼有幫助？這真的能幫你變成一個比較好的媽媽嗎？通常，比較好的方法是繼續做你手上必須做的事情，使你分心，而不要一直陷溺在消極、沒有幫助的想法裡面。

Energization 激勵

現在，讓自己振作起來，撢一撢身上的灰塵，開始對自己產生好的感覺。學習「播放情緒」，跟你那可憐的小寶貝說說話，幫助他把覺得自己不好的感覺給去掉。告訴他，意外是難免的，他其實是一個好孩子。用這樣來提供眞正的情感連結。與大人發生爭吵時也可以運用相同的方法，讓憤怒的情緒冷卻，接著把氣氛改變成對你能產生激勵作用，然後因爲你做到了而能帶著輕鬆愉快的心情離開。

一旦你把你解釋事情的方式從悲觀改成樂觀——研究指出，這樣的改變是永久的改變——下次你遭遇失敗時，你就擁有了與自己談話的技巧。一旦失敗發生，你可以使用這些技巧來阻止沮喪的進駐。從哲學的層面來說，這種「改變解釋方法」之所以有作用，原因就如沙立曼博士所說的：「它善用了個人新近獲得承認的自我力量。」若想得到更多的幫助，不妨直接閱讀沙立格曼教授的著作。若需進一步的協助，也可以去找從事認知治療的心理醫師或精神科醫師。

注射悲觀主義免疫劑

發明小兒麻痺疫苗的沙克醫師在世時曾告訴我：「如果我今天還是個年輕的科學家，我仍然會從事免疫學方面的工作，不過，不是研究孩子生理的免疫，而是心理的免疫。我想知道，心理得到免疫的孩子，是不是更能抵抗身心兩方面的疾病。」

沙立曼博士用一個動物實驗證明了心理免疫力的作用。你應該還記得，在帕夫洛夫的經典實驗中，白老鼠因爲發現了什麼動作會引起電擊，因而學習到如何避開電擊。沙立曼的做法是挑選出已經熟知避免電擊之道的老鼠，將之放置在一個牠們無法避免被電擊的空間裡。這些白老鼠由於已經對無力感「免疫」，所以牠們不斷嘗試各種方法來躲避電擊；既已學會了自救的方法，所以不會輕易放棄，牠們是樂觀的白老鼠。相反的，在先前訓練當中無法躲過電擊的老鼠則學會了變得無助或悲觀，不論電擊頻率多頻繁、電流強度有多強，這樣的老鼠就是不肯動。

這種免疫力對人類疾病有防治作用嗎？請看以下兩個研究。

第一是哈佛醫學院針對其畢業生所做的一項經典研究。他們對畢業生做了長達五十年的追蹤研究，爲正面思考效果提供了一個罕見的長期研究紀錄。對於人生採取幽默、利他、正面思考態度的人，持續過著比較成功和健康的生活，而且到了六十歲，很少有人受慢性疾病之苦；而採悲觀思維的人當中有整整三分之一的人，到了六十歲呈現出健康不良的現象。

另一項是史丹福醫學院社會心理治療實驗室主任史畢澤所帶領的一個研究。這項研究發現，罹患乳癌的婦女若參與每週定期的聚會——這些聚會提供了強烈的社會支持，並且鼓勵病患表達各種正負面情緒——比沒有參與聚會的患者平均多出十八個月的壽命。史畢澤醫師說：「這些團體發展出很實際的樂觀態度，參與的成員們學會了懷抱最大的希望，而同時做最壞的打算。我們發現，這些患有末期乳癌的婦女在一起分享自己的哀傷與恐懼時，也分享了彼此的喜悅。她們學會了把生活中的事情化小，並且珍惜與病友、家人和朋友的相處。」在比較好的支持系統之下，這些病患的生活過得比較好；她們學到，誠實表達出情緒是可以讓彼此關係緊密的，而且這樣的表達也讓她們自己覺得好過。在這個研究中，跟活得比較久有關的因素，並不一定是天生的樂觀個性，而是能夠發展出正面態度，並且參與了一個讓她們本人和她們對於乳癌的所有情緒都覺得有歸屬感的團體。即使是在無法克服的困難面前，譬如死亡，樂觀的人還是會勝利。史畢澤醫師說：「我們得到的教訓是，只要能直接面對疾病，並且了解到即使你將因乳癌而死去，你還是能過豐富的人生。」

樂觀是一種態度

知名的棒球教練拉索達（Tommy Lasorda）有一次告訴我說，如果你的態度很好，你就有機會——要是態度糟糕，你就啥都沒有。現在的人有愈來愈多在態度上出了問題，要知道，在自己的領域中成功的人通常都有很棒的態度。事實上，良好的態度可能是造成好運道的最重要成分，也是吸引別人想要雇用你、想與你共事的主因。有太多悲觀的人就是因爲他們的態度不良而使得大家對他敬而遠之，因爲沒有人想被他們的負面態度傳染。

不良的態度會成爲自我實現的預言。抱持不良態度的人會以爲，使他態度變壞的事情是超出他掌握範圍的，以爲自己是有缺陷的人。人在樂觀的時候，就會打從心底相信事情是辦得到的。樂觀的人也許會遭受多次打擊，他的想法也許會被棄之不用，事業也許會遭遇困難，但是他們不會以頭撞牆，而是站起身來繼續衝刺，因此他們能夠不斷打贏戰爭。著名的心臟科權威狄貝基醫師，在心導管手術被證明有效之前五年就完成了手術，他也早在一九三七年就證明了吸菸與肺癌的關連，並且是第一位支持健保醫療制度的醫生。在上述的這幾件事件中，狄貝基都被厲聲批評，但他是怎麼渡過難關的？「我想樂觀是基本態度。」樂觀，以及自律；狄貝基醫師加入了自律這一項，因為在自我信念中加入自律，能讓人在面對逆境時依然保持樂觀。

誰都會有懷疑自己的時候，我們懷疑自己的能力，甚至懷疑自己選擇的事業是否適合自己。如果你悲觀，你就不會相信自己能做到任何事，你也因此就真的沒有機會可言。請記得，再怎麼樂觀的人也會有目光不夠遠大的時候。往回看人類的歷史，你會發現，人類老是低估了目標可以達成的程度；發明電話的貝爾，很可能沒有想到後來會出現行動電話或可以在全球使用的衛星電話。我們的展望並沒有過高，是我們的想像太少。

總歸一句話，樂觀主義是正面思想的基礎。讓自己變樂觀，你就能把只會耗費能量的悲觀態度給改掉。在此摘錄作家藍布吉（Frederick Langbridge）題為「悲觀者和樂觀者」的一小段話與讀者分享：

兩個人從同樣的鐵窗看出去：
一個看到了泥巴，一個望見了星星。

仰望那些星星吧！你愈是樂觀，就愈有機會保持活力與健康，愈能打擊疾病，活得更長，在工作上更成功，婚姻更美滿，經濟基礎更穩固。

2

掌握最佳演員的特質

幸福、動機、顛峰表現和能量，是在我們「活在當下」的時候出現的。加州腦型學院（Brain Type Institute）院長倪納傑（Jon Niednagel），研究的是大腦如何規範心智與肢體的表現。他說：「當我們只是在感受生活、享受生命並且放鬆的時候，幸福就會來臨。」怎麼做到呢？很簡單：「不要把每一件事都拿來分析。人需要放鬆一點，不要太看重結果，應該注意的是過程。」

一旦我們全神貫注於過程並且從中得到享受，我們就會做出最好的表現。就拿你和朋友或同事的談話來作例子，假如對方不專心聽你說話，你會不會覺得很討厭？他眼睛看著別的方向，動來動去在看別人。他沒有聽你在說什麼，而可能在心中進行他自己的獨白，不管你的想法和感覺。他實在應該專心於當下的事，並去感受那個時刻，集中注意力去聽你說話、看你表達，感覺那一刻的情緒。許多人容易犯這種錯誤。

忽略了當下，我們等於和「現在」有了距離，我們站在一旁思索「現在」，卻不是參與「現在」。這種情況在談話中最爲明顯，也最叫人生氣。一個絶佳的談話者會以同理心專注聽對方說話，理解對方的主題，感覺對方的情緒。當某人在你說話時卻在心中準備自己的講詞，那麼他不但避開了那個時刻，也因此可能沒抓到你要溝通的重點。我發現電視上的新聞節目尤其如此，訪問者忙著翻卡片，一隻耳朵聽著製作人透過耳機傳來的指令，心中準備著下一個問題……什麼都在做，就是沒在聽受訪者的答話。最好的訪問者應該是把全副精力集中在受訪者身上。

知名脫口秀主持人歐普拉（Oprah Winfrey）爲了完全進入「當下」，乾脆不理會電視錄影的技術層面。我最近一次上她的節目，向她解釋白麵粉、白馬鈴薯、白米與白麵包會增加血糖濃度，而棕色米與黑豆則能維持健康的血糖濃度。大多數的電視主持人聽到這裡，通常就會跳到下一個主題、讀提示卡、看監視器，確定時間。而歐普拉卻是轉身向我說：「所以，醫師，你的意思是說白色不好，棕色黑色比較棒。」觀衆哄堂大笑。（中文版註：歐普拉是黑人。）

傳統看法認爲：擔心是正常的。

本書認爲：人生是一場御前演出。活在當下。

生理基礎

假如你能在當下放鬆，你就運用了大腦中最具創造力的部位——大腦後方的視覺中心。雖然科學至今尚無法說明爲什麼是先打開視覺中心才啓動創意思考，但是在螢幕畫面上淸楚呈現出這種情形。你放鬆的時候，PET腦部掃描顯示出這些視覺中心發著亮光。科學家相信，亮光之所以會出現，是因爲假如我們能做到完全放鬆地活在那個時刻裡面，那麼我們就解放了大腦，關閉了神經質與焦慮的思考，只做視覺性的思考。在欣賞一部好電影、歌劇、芭蕾舞或是精采的運動競賽時，你完全沈浸在當下，你的視覺中心閃閃發光，把煩惱暫擱一旁。

生活中的一大諷刺是：我們在操心這個、擔憂那個，以爲自己這樣就做了很多事情，但事實上我們只是阻止了自己打開大腦的神奇部位：視覺思考中心。探討視覺思考的《心靈之眼》（*In the Mind's Eye*）一書作者魏斯特（Thomas G. West）說，歷史上許多偉大的思考家都是用視覺方式進行思考的，譬如幾位物理學家愛因斯坦、法拉第、麥斯威爾（James Clerk Maxwell）。許多專家相信，視覺式的思考是最高層次的智力表現。偉大的運動員也是用視覺來思考，他們完全生活在當下，而以奧林匹克金牌爲收穫。

對於我們這些不是奧運選手的人來說，不讓精力流散到別處而能專注於每一刻的當下，也是非常重要的，因爲唯有如此，我們才能啓動大腦中最具創造力的部位。很多人掛念著接下來要做什麼、擔心有大禍臨頭、憂慮著已經發生在身上的壞事，以致於在每一個當下都沒有盡到全力，也沒有完全付出。許多人以爲，如果只爲當下而活，就會失去對現實的掌控。我要說，活在當下不是這個意思。如果你眞的想要掌握不知在何時會出現的機會，你就該完全活「在」那個當下。

對策

效法表演式的朗讀

舉世最好的演員之所以成功，乃因他們有足夠的膽識敢於活在當下，你也可以學習同樣的技巧。也許你會說，這不對，因爲演員都是裝出來的。然而，優秀的演員從來就不是假裝。他們忠實於從他們口中說出來的每一個字。爲什麼？因爲他們完全活在當下，活在他們所說出的每一句台詞之中。你可以用以下介紹的方法練習。

最好也最實際的方法是**大聲朗讀**。最好每天都練習大聲朗讀。關鍵在於你所朗讀的材料要是你能夠融入的。你先瀏覽，挑出章節，然後把上頭的話說出來，不要誇張，把對白放在腦子裡或想像出畫面，然後讓對白自然「說出話來」。用跟人說話的方式來唸，大聲朗讀會讓你立即思考與行動，並且處在那個時刻。如果你有小孩或伴侶，可以對著他們說；或是去醫院當義工讀書給病患聽——這是一個逃離你自身煩惱並跳進當下的絕佳方法。

古斯金（Harold Guskin）是紐約最有名的戲劇指導，他指導過的藝人很多，包括凱文・克萊（Kevin Kline）、葛琳・克羅絲（Glenn Close）、布麗姬・芳達（Bridget Fonda）。他指導演員的第一要件是，不要刻意爲所讀的每一個字做任何事情，只要自然地觸動每個字，然後說出來，就會發現你的心已經爲那些字句添增了最美妙的色彩。

拿知名男星勞勃・狄尼諾（Robert De Niro）爲例，他經常以最低調的方式說話，然而他的聲音裡卻迸發出意義與色彩，其關鍵在於進入當下。古斯金說：「那是一種對當下的探索，並且不在意當下要往哪兒去。你的注意力不應是該如何去做某件事或要怎麼去說，而是專注於它是什麼，它代表什麼。一個演員如果只想著該怎麼表現、該怎麼說台詞，他就改變了說台詞的方式，聽起來就會不自然。你要讓觀衆聽到是一個『人』在說話，他們才會忘記你是演員。即使你說的話經過巧妙設計，你還是會看來假假的，像『在演戲』，或是像舊派的演員。重點在於說出你要說的話，不要刻意修飾。你所說的一定比你怎麼說它來得重要。」

你也許會說：「我的人生又不是什麼布魯斯・威利主演的電影！這是眞實生活！這建議對我有什麼用？」古斯金的這項建議，跟勇氣、信任及恐懼有關，而大多數人，包括演員在內，都不免有這方面的困難。等你熟悉了在當下大聲朗讀，就把這技巧先帶入與親友的談話中，然後是同事。這個技巧在與同事開會、晚餐約會、家族聚會等場合都很有效果。你不會再亂七八糟說話，卻會像是宇宙偌大你竟旁若無人的和你的對象說話、聽別人說話，於是，你與人的互動都會變得活潑而生動，你也會發現自己變得更有吸引力。

你可以把古斯金的建議納入生活：說話的時候，把注意力集中在你說出的每一個字上頭。不要讓其他任何想法干擾你，不要想一邊觀察自己或先想好接下來該說什麼，這樣做只會適得其反，讓自己變得老套而無趣。如果你願意讓想法以自然方式湧現，你將會訝異，原來自己是這麼有創意的人——不要懷疑，這眞的會發生，而且會比你事先準備的說詞、故事或笑話有趣許多。我的電視直播節目及公開演說事業得以突破，就來自於我有勇氣不準備制式的答案。這就爲不可預期的狀況預留了空間，而且讓我的表現比直接唸稿有趣、活潑得多。你留給人的印象不但正面，而且自然。在做腦力工作譬如寫提案或閱讀文件時，試著完全進入那個時刻，讓你整個人被你所寫的或所讀的東西包圍。大聲朗讀，一邊又一遍朗讀，讓你針對你先前覺得無解的問題找到創新的解決之道。

學習無私

要如何徹底地投入當下呢？藉由從事完全無私、忘我的活動。請看以下這則故事：一九九二年，在索馬利亞的拜多城一所醫院裡，我們公司的新聞工作人員聽見一百公尺外的市場傳來機槍開火的聲音。不到幾分鐘，就有傷者陸續被送進醫院臨時的急診室，負責的團體是美國的國際醫護隊。還沒開始急救，就有二十人死亡了；在其餘的四十名傷患當中有一名四歲的小女孩，大量出血，但那兒沒有血庫，也沒有任何能用來輸血的替代品。有一位來自美國科羅拉多州丹佛市的小兒科醫師瑞琪（Mickey Richer）。她很冷靜，拿起一支靜脈注射針，請一位工程師插到她的血管裡，抽出了她自己的鮮血。她把自己能通用於各種血型的O型陽性血液輸給了那小女孩，救了她的性命。

英雄行爲是一種無私的舉動。我相信，唯有藉由這些英勇舉動，我們才能眞正變得偉大。也許你從沒有機會跳入湍急的河流救出瀕臨滅頂的小孩，或衝進著火的大樓拉出受困的人，但是你在每一天都有機會做出跟頭條新聞的英雄同樣無私的舉動。行小善，其德大矣。

很多人相信因果有其業報。在佛教信仰裡，想得善報要靠積善行。我聽過一場紐約市亞洲經典學院（Asian Classics Institute）的演講，講者洛區（Geshe Michael Roach）強調，生命中的大事件沒辦法毀滅人的一生，但也沒法子成就人的一生，相反的，人生看的是怎麼處理日常生活中的平凡小事：怎麼跟人打招呼、遇到塞車時有沒有禮貌、在工作上是否對別人有用——每一件工作都在累積你的善業或惡業。以高昂的心情、良好的精神來執行每一件工作，也就是說，以正面心情做事，這樣就會建立自己的好運。但若在忿恨、怨懟或負面情意下做事，就是在慢慢種下毀滅自己的因子。我父親有一個病患，白手起家的他如此解釋自己的成功的：「不要糟蹋自己的成功。最能夠糟蹋你自己的成功的，就是用小惡行玷污了你的一天。」

創造一個夢想

進入當下，能夠開啓你位於大腦中後部的視覺想像能力。而且請記得，人類大腦最強也最有創造力的思考程序，叫做視覺空間力，也就是以三度空間畫面而非文字來進行思考。作家魏斯特說，愛因斯坦是用想像畫面的方式發展出相對論的。偉大的詩人，譬如葉慈，會先在腦中想像要寫什麼，然後創造出畫面，再將之付諸文字；邱吉爾是一個視覺型的思考家；今日數位時代中很多企業領導人也都是。

對於正面思考來說，視覺思考之所以這麼重要，原因是它讓你在腦中「播放電影」。你愈常在腦中播放這些電影，就愈不會去注意那些會讓你分神的瑣事。我讓我兒子專注於當下的方法是先想好一幅畫面，然後像播報球賽那樣描述給他聽。這樣做你會發現，自己在談話中的表現生動許多。描述你腦中的圖像，讓你的大腦徹底專注於現在。不妨在午睡時間或晚上睡覺前練習在腦中創造出這些影像。這是進入當下的絕佳方法，能讓你忘了白天的煩惱，並且安穩進入夢鄉。

努力把自己擺在現在

有很多力量會把我們拉出當下。你可以藉由觀察自己所在的確切位置，來抵抗被拉向過去或未來。以下是兩條務必參照的座右銘：

第一，**不要被未來毀了現在**。使人難以活在當下的最大阻礙，就是你老在擔憂未來。對於許多人來說，一個假設性的未來會毀掉「現在」。我在兒童遊戲場就見過這等景象。可愛的孩子在場中開心奔跑、跳躍、玩耍，而站在場外的父親卻手持行動電話，完全忽視了眼前可與孩子分享的莫大歡欣。這些父親對於所謂的未來憂心忡忡，竟在放假的星期六早上忙著打電話回辦公室，而沒能活在當下，放鬆一星期以來的辛苦。

其次，**不要陷溺於過去**。一天中小小的不愉快或是最近發生的挫折，都有可能被我們拿來在腦中重播。結果也許是使我們錯過了一班飛機、收到一張金額超出意料的信用卡帳單、車子擋泥板撞凹了一塊、翻倒飲料，或是弄丟行動電話。如果你遇到莫名其妙的人或遭遇挫敗，你應該設法把事件處理掉，然後就迅速回到「現在」。快快弄清楚哪裡出了錯，爲什麼會出錯，找出預防方法，然後立即恢復你原先的好心情。

抓住每一天的重要時刻，分毫不浪費，努力生活。

3 發揮大腦中最強的功能

你說，你希望能用正面的方式思考，但不想變成一個捶胸頓足、大喊大叫的怪獸。該怎麼做呢？關鍵在於使用正確的方法——這所謂正確的方法是因人而異的。在感覺很棒的時候，有人會把感覺完全表現出來，也有人就把感覺放在心中，然後讓這股平靜的能量往別的方向發展。愛因斯坦看起來並不像是個喜歡熱鬧的人，但你可以在他的微笑、紅潤的氣色和閃亮的眼睛中看到那股正面思考的力量。

想知道如何成功，首要之務在於認識你的大腦是怎麼「組裝」起來的。「內向」與「外向」是最常聽到的人格分類的兩大類，而在迅速興起、專門研究人格種類的心理分類學（Psychological Typology）中，還有許多重要的人格特質分類。

很多人都想知道，到底運氣、發展、環境、大腦構成等各種因素分別決定了多少的人格特質。現在，研究人員開始把人格特質與大腦掃描結果做連結。神經科學讓我們知道了每一個人的大腦結構都不一樣。這表示沒有一條特定的成功之道，也沒有一個放諸四海皆準的成功目標。你想要追求的成功是什麼，要看你大腦的結構爲何。

傳統看法認爲：對某一個人花足夠的力氣，就能贏得對方的認可。

本書認爲：「忠於自己」，根據你的腦型來追求成功。

對策

認識自己，發揮長處

許多人用頭撞牆，勉強自己朝不能做到的目標前進，事實上，我們也許並不真的想要變成那樣。有些人雖然非常成功，我們很想擁有他們的財富或名氣，但是，說到他們的個性，我們可不見得想仿效。以下是一份關於人格特質的測試，它能讓你認識自己及他人的個性類別。

MBTI測驗全名「麥爾-布姬類型指標」（The Myers-Briggs Type Indicator），是由一對美國母女凱薩琳·布姬（Katharine Briggs）與伊莎貝·麥爾（Isabel Myers）所發展而成，根據的是從瑞士精神病學家容格（Carl Jung）對人類行爲多年的研究。

MBTI測驗用八種我們在不同時間可能會用到的個性偏好來測量一個人的個性。這八個偏好被分成四組兩極化的測量標準。在做測驗時，請你所選擇與你最接近的四個偏好（每一組一個）再結合成一種類型。

這幾種偏好的結合方式，共同決定了你的人格類型。前三種是由容格提出來的：

外向／內向（E／I）指的是你的能量從何而來，是由外在環境（事情、地方、人）來激發你的能量，或者你的能量是來自內在的沈思與深思熟慮。

感知／直觀（S／N）指的是什麼東西引你注意，你是以五官蒐集資訊（事實、資料、事情），還是以有模式的理論性的方式。

思考／感覺（Ｔ／Ｆ）指的是你怎麼做決定，是以邏輯的、因果關係式的客觀方式，還是以主觀、關係式的、人際關係的、以感覺爲主的方式。

麥布母女檔在容格所區分的三個人格類型外再加了第四種：**判斷／領受（Ｊ／Ｐ）**，指的是你喜歡如何生活，是先做好決定、採用有秩序的方式（判斷），還是有彈性的、比較隨機的方式（領受）。

一般人在不同的時候會使用不同的偏好方式，不過ＭＢＴＩ測驗的結果會產生出一個由四個字母組成的類型（譬如ＥＳＴＪ），以此表示受試者在收集資料及做決定時最喜歡用的方法。不同的組合，產生了十六種不同的人格類型，每一種類型都有其人生觀，也各有優點與挑戰。

心理類型理論能幫助人們瞭解人際溝通、團隊效力，及組織動態。很多大小公司、政府機關與教育機構，都使用ＭＢＴＩ測驗來幫助人們更加認識自己的心理及行爲。ＩＢＭ、寶鹼家用品企業（Ｐ&Ｇ）、美國海軍學院，甚至天主教羅馬教會都使用過這項ＭＢＴＩ測驗。長老教會還因爲ＭＢＴＩ測驗有了靈感，出版了一本叫做《部分的總和》（*The Sum of the Parts*）的書。有一家公司在其年度報告中把員工的人格類型列在員工姓名旁邊。對管理階層來說，ＭＢＴＩ對公司的重新改造有進一步的釐清作用。

經理階層在挑選屬下時，經常忽略了員工的個人差異；經理不知道，某甲很討厭的工作卻是某乙的最愛。假如使用ＭＢＴＩ來分析一組要共事的團隊，經理階層就可以適當挑選個性相配的人，讓組間的溝通更順暢、更有效率解決問題，也因此提高了團隊的工作表現。了解你自己及他人的人格類型，將能幫助你面對自己的弱點並加以改善，且能引導你發揮自己與他人的長處——不管是情人、家人或商業關係。

關於MBTI測驗最需要記得的一點是，測驗結果沒有好壞之別、沒有聰明或愚笨之分。每一種類型都可能有非常高的IQ。

腦型學院的MBTI測驗

我初次認識倪納傑，是十年前的事了。他很厲害，一眼就能說出你是怎麼樣的人、動機爲何，以及你和他人該用什麼方式相處最好；倪納傑指的不是不同的心理類型，而是不同的大腦類型。他現在是加州腦型研究學院的主持人，他把二十一世紀的技術應用在容格的心理類型上，找出大腦中各特定區域與容格的各個類型傾向的關連，並且爲十六個腦型找出相對應的運動技能。倪納傑的研究還包括以DNA分析法來評估每一種腦型，他相信，基因測試就是一個可測量的科學方法，可以解讀人的行爲特徵及差異。「我去到各個我不會說當地語言的國家，我也能告訴那裡的人，他們是怎麼樣的人。大家以爲我會通靈。我以前就知道，行爲傾向一定跟基因有關係，但是我們以前沒有科學技術，而現在有了。」這樣的技術已經到來。

愛荷華大學的研究人員報告說，大腦斷層掃描顯示，內向的人和外向的人有著不一樣的大腦活動。內向的人在大腦前葉及前丘腦會有活動量增加的情形，這些部位與策劃、記憶，以及解決問題有關。外向的人活動量增加的區域是前扣帶回（anterior cingulated gyrus）、顳葉及後丘腦，這些部位與開車、傾聽、觀看等相關。這些研究觀察結果令研究人員認爲，個性的差異有其生理上的起因。

倪納傑慷慨允許我在書中使用他的腦型測驗，包括了說明、計分方式及解答。這個測驗是我所見過的的心理測驗中最適合本書的一種。我給我家人和很多同事都做了這測驗。

說明

在以下的問卷裡，你必須從a或b當中選一個。你還會看到第三個選項，c。這樣的設計是想知道，最了解你的人（配偶、親戚、朋友等）會不會不同意你所選的答案。如果你覺得他（她）會不同意，那你就也選c。因此，有些問題你可能會選兩個答案，a與c，或b與c。

這些問題的設計用意不在刁難。想辦法找一段你不會受到干擾的時間來做測驗。在某些狀況下，你也許會同時想選擇a和b，但還是盡量選一個你比較同意的答案。

很重要的一點是，你要誠實回答，才能得到對你自己正確的描述。答題時，以你「眞正的自己」而不是你想要變成的那種人的立場來作答。

不論你的工作爲何，都盡量試著不要被你的工作影響。換句話說，如果你在作答的時候想著工作，測驗結果可能就會出現不一樣的結果。請以你最能當自己的情況來回答問題。

再強調一次，答案沒有對或錯之別。做完了問卷，你就是再出發，踏上驚喜的發現之旅。

問卷

請在下列二十組形容詞中，選出最能描述你個性的答案，把答案填入後面的記錄表。

1.
a. 精力充沛，善於交際
b. 能量較低，愼重，輕聲說話
c. 親近的人可能會不表贊同

2.
a. 照事情的表面來解釋意義，倚賴常識
b. 尋求意義及可能性，倚賴先見之明
c. 親近的人可能會不表贊同

3.
a. 邏輯的，思考的，質疑的
b. 有同理心的，講感覺，肯包容
c. 親近的人可能會不表贊同

4.
a. 有條有理，講究秩序
b. 有彈性，有適應力
c. 親近的人可能會不表贊同

5.

a. 外向，主動讓事情發生
b. 害羞，比較少主動做事情
c. 親近的人可能會不表贊同

6.

a. 實踐的，講實際，根據經驗
b. 想像力豐富，創新，根據理論
c. 親近的人可能會不表贊同

7.

a. 率眞，直接，有話實說
b. 圓通，和善，鼓勵
c. 親近的人可能會不表贊同

8.

a. 做計畫，訂出程序
b. 無計畫，隨機
c. 親近的人可能會不表贊同

9.

a. 找很多事做，公開活動，與他人互動
b. 找比較私密、能安靜獨處與專心的活動
c. 親近的人可能會不表贊同

10.

a. 標準，平常，傳統
b. 不同，新穎，特殊

c. 親近的人可能會不表贊同

11.
a. 堅決，常提出批評，堅守立場
b. 溫和，常說出讚美，折衷
c. 親近的人可能會不表贊同

12.
a. 中規中矩，有條不紊
b. 隨和，自己活也讓別人活
c. 親近的人可能會不表贊同

13.
a. 向外的，溝通的，表達自己
b. 向內的，寡言的，事情藏心裡
c. 親近的人可能會不表贊同

14.
a. 考慮眼前的問題，專心此刻
b. 放眼未來，全球視野，注重大局
c. 親近的人可能會不表贊同

15.
a. 意志堅強，公正
b. 心軟，仁慈
c. 親近的人可能會不表贊同

16.
a. 準備，心繫工作
b. 依情況而定，心繫遊戲
c. 親近的人可能會不表贊同

17.
a. 主動，發起
b. 反省，深思熟慮
c. 親近的人可能會不表贊同

18.
a. 事實，情況，看事情「是什麼」
b. 隨機，夢想，看事情「能變成怎樣」，哲思
c. 親近的人可能會不表贊同

19.
a. 鐵證如山，議題爲主，原則
b. 敏感，人爲主，富同情心
c. 親近的人可能會不表贊同

20.
a. 控制，駕馭
b. 寬容，自由
c. 親近的人可能會不表贊同

	17	13	9	5	1		
E						a	
I						b	I
						c	
	18	14	10	6	2		
S						a	
N						b	II
						c	
	19	15	11	7	3		
T						a	
F						b	III
						c	
	20	16	12	8	4		
J						a	
P						b	IV
						c	

計算分數

首先，把每一欄的a、b、c答案加起來。譬如在第一組中，a的答案多於b，就表示你是E，外向型。第二、三、四組則分別是S（感知）對N（直覺）、T（思考）對F（感覺）、J（判斷）對P（覺知）。最後，把答案比較多的英文字母圈起來，所得的四個字母的組合就是你的人格類型。

至於答案c，它代表兩種意思。第一，如果你的a與b一樣多，c就可以用來決定你應該屬於哪一型。第二，答案c告訴你，在評估自己的傾向時要特別留意。譬如，如果你選了三個J，兩個P，還有三個c，你就該好好想想你眞正的性格傾向是什麼。對於c不同意的答案，你也該特別注意；如果你所有的J也都選了c，很明顯的，你覺得很瞭解你的人認爲你是P。如果把你認爲朋友會持不同意見的c也算進去，你的分數有可能會改變。總而言之，答案c

的作用好比警告，它提醒你：你對自己的認識可能和別人對你的認識不一樣。

你是哪一型？

做了測驗以後，你也許很想知道結果代表什麼意思。你所得到的四個英文字，代表了你是十六種型中的某一型，而每一種型都和其他十五種不一樣。在第291至304頁附有對每一種型的簡要描述。讀完了關於你那一型的描述後，你不妨看看自己與其他型的異同。這一部份關於十六種型的說明，係由倪耐傑特別爲本書寫成。他花了許多時間、心力與思考來讓他的描述恰當而正確。

在對於每一種型的介紹當中，首先是一段說明，然後提出適合的職業選擇，你可以對照你目前的工作，看看是否和你的個性相符。更重要的是，看了這部分之後你就應該放心了。比方說，如果你是個「寫手」，一直想寫一部偉大的小說，但又覺得應該去競選民意代表或開公司……你從自己的類型建議中知道，大可不必換跑道！除了這種確定感之外，你也不必因爲你現在所做的事沒有完全符合而要放棄你所愛的事物。蘋果電腦公司以前的總裁史考利（John Scully）很久以前說過，他不是個做行政的人才，而是個思考、幻想型的人；然而高處上位的人，總可以找一組團隊來做你不會做或不想做的事。每一型的「概觀」能讓你有個概念，知道該如何與不同型的人相處。先讀他們天生的技能——你該珍視他們這些地方。接著確定他們是否喜歡做他們現在在做的事。然後，想想他們的工作性質。如果你練習了「情緒播放」，那麼「對這類型的人最好採取以下態度」那一欄，將能讓你明瞭你的聽衆是誰，你就能正確的找到方法。最後一部分是和你相同類型的名人檔案。

請記得，這只是簡短的描述，可不是你全部人格的總論。你不妨先做測驗、知道自己屬哪一類型，並且研究了你自己的類型，再回來繼續看完這一章。

運用從測驗中學到的東西

想知道你眼前要應付的這個人是何方神聖嗎？給對方做這個測驗吧！你自己也說出你的人格類型，與對方一起討論，了解彼此的異同，會對彼此的共事有幫助。比方說，我發現，「調查員」型的人因爲非常專注於自己手上的微小細節，而常常對「大局」感到惱怒。所以我和「調查員」人物合作時會折衷，我幫他們釐清細節，但也讓他們明白我爲何重視大局。你在溝通時，有一半的時候是要根據對方是何種類型而決定如何傳達訊息。比如你與一個內向型的人談話，你就先提出問題，然後給對方時間，耐心等待。你當然可以照你一貫的個性行事，說你想說的話，做你自己，但是這樣做的效果絕對比不上我建議你的做法。你必須知道，MBTI測驗所測出的是人的天生結構，就算你想改變別人或你自己的類型也辦不到。你能做的是採取務實、簡單而可測量的步驟，而第一步就是認識你自己和他人的類型。看看你四周，請開始注意不同的腦型是如何運作的，然後調整你的溝通方式。

或許你對於你那一型的描述不全然同意（或甚至完全不同意），但是如果你眞的誠實作答，那麼所描述的大多數特質與習慣應該都是正確的。如果你對於有關你人格特質的描述很難接受的話，很可能是你答題時沒有忠於自己，所以會出現你某一個或幾個的傾向是錯誤的。如果眞是如此，不要太過掛心。一份問卷不敢保證絕對正確。這只是發掘你特質的第一步。如果你的答案模稜兩可，你不妨考慮做由專業心理學家執行的MBTI測驗。你也可以在凱爾西（David Keirsey）的經典著作《請了解我》（*Please Understand Me*）一書中找到一份很不錯的測驗。

你還要注意幾件事：

要發揮長處：每一個人都有優點與缺點。你有兩個選擇：增強你的長處，或減少你的限制。位於芬蘭的奧運研究學院的漢寧（Yuri Hanin）博士說：「唯有發展長處你才能進入卓越。你必須思考：『我的長處是什麼？我該怎麼做才能發揮我的長處？』在你的限制上面大加著墨既沒有用也不值得。『弱點』？我們這裡根本不用這個詞。」

要加強弱點：雖然前面聽漢寧那樣說，但是我說的「增強弱點」目的在於建立平衡。因此，如果你是一個很強的「判斷型」，不妨多多培養自己的「領受」能力。去發掘其他型的領域。最有說服力、最成功的人，都願意去從事他們不在行的領域。比方說，如果你是內向型的人，而你知道內向的人有時會害羞，也會讓別人覺得他必須主動，同時你也知道，外向的人會對你主動——那麼也許你可以學學外向的人那樣主動。

別把長處逼到極端：我們很容易對偏好太過於熱中，而且把優點擴張到太大，使得那個優點反而變成我們最大的弱點。我們太習慣自己了，以致於我們的行爲總是自動出現。「判斷型」很容易變得控制慾太強，有些控制狂的老闆願意放棄控制，讓別人有生存的空間，總令我感到驚奇，印象深刻。而對有控制狂的父母親來說，這就更重要了，因爲爲人父母很容易就取得掌控權，所以更應該適時放鬆，以避免揠苗助長。

多多學習：做問卷只是你確定自己腦型的方法之一。腦型學院還能提供其他許多可靠的協助，譬如CD-ROM、錄影帶及專人評鑑。此外，請以客觀而謹慎的態度來看待你的測驗結果。

這個心理類型測驗當然稍嫌簡化，但是有其用處。想想自己以往的待人處事。你怎麼和不同的人相處？你有沒有嚴詞對別人說：「你一定要改！不要做這個，也別那樣！」結果呢？更讓對方覺得自己沒用，有罪惡感，問題變更嚴重。這就是蒙哥馬利（Stephen Montgomery）所說的「匹格馬力翁計畫」（Pygmalion Project）：想把所愛的人變成自己希望的樣子。（典故出自希臘神話，有一個叫匹格馬力翁的雕刻師，他照自己理想中的女性模樣雕出了一尊女像。）匹格馬力翁計畫既有破壞性又徒勞無工，你還不如多多了解別人的人格類型。對於腦型的認識，能幫助你了解家人、朋友及同事。藉由和別人說話，你就能大約知道對方的人格類型，即使是兩歲大的孩子都清清楚楚說出他的喜好。

如果你希望日子過得快樂並且有動力，把潛能做最大的發揮，並且保有旺盛的活力，你就必須認識自己的腦型，並試著去了解別人的型。成功的第一條首則不就說了：你要在你天生的生物情況下運作。如果你希望追求長期的滿足，那你就該去追求符合你天性的職業與興趣。在和別人來往時，請把你所要傳達的正面思考以符合對方個性的方式來傳達。請記得，就像指紋不可能找到一模一樣的紋路，人也沒有完全相同的。發揮你的長處，也讓別人得到發揮……

這樣才能成功。下一章我們要討論如何與不同類型的人相處。

4 播放情緒

美麗的星期一早上，你心情好得不得了——但你走過老闆的辦公室，瞥見老闆，他看起來不開心，朝你這兒瞄了一眼。他的表情是好是壞？他是看你後面的東西還是在看你？你趕緊回想這半年來的工作情形。是你讓他不開心的嗎？你是不是不夠賣力？還是你做錯了什麼事？你該考慮走人嗎？其實，老闆的情緒很可能和你一點關係都沒有，但是你的心情已經跌到谷底了。而且你不是唯一的一個人，辦公室其他的人也被波及。

生氣、沮喪、發愁、情緒化的老闆們，把自己的心情傳給了員工；每一個與老闆接觸之後的人，都出現了情緒的改變。舒瓦茲曼（Steve Schwarzman）是成功的黑石集團（Blackstone Group）的總裁，他說他會警惕自己，不要散發出負面的情緒，免得哪天他心情不好，公司裡就有一半的人準備換工作。

心理醫生說：「焦慮是會傳染的。」跟一個坐立不安的人坐在一起，不管他是不是老闆，沒多久你也會變得和他一樣。跟某個很沮喪、對啥事都提不起勁兒來的人住一段時間，你可能也變得同樣消沈。但如果有個朋友或同事總是開開心心或一直很平靜，你會發現在他身邊的人明顯感染到這股好情緒。

「情緒播放」是指：你說了什麼話並不打緊，你在周圍的人身上所引發的情緒改變才是重點。有人的對話當中充滿了「是啊」、「對啊」、「喔」等聽似無意義的話，卻發現對話雙方的交流十分正面。心情是會傳染的。可惜，太少人願意花精神去感染周遭的人；太多絕頂聰明之士在談話或演説時只是丟出事實與數字，卻沒有造成影響力，例如某些高科技產業的總裁。這也許可以解釋爲何矽谷新興公司無法贏得一些員工的長期忠誠。

文藝復興大師米開朗基羅相信，藝術家並不是「發明」一尊新的作品，而是把雕像從一塊大理石或巨石中「解放」出來。也就是説，雕像是存在於石塊裡面的一個「可能性」，藝術家只是把它揭露出來。同樣的，你把身邊的人看成是美麗的設計，就等著你的情緒播放力量來釋放他們。

你可能以爲情緒智商是天生的，就跟ＩＱ一樣，只有天生具有靈巧情緒溝通力的人才能善用，事實上並非如此。問題出在許多人在不願與人分享情緒，或者根本不知道該怎麼做。

許多人從來沒有練習過如何使用自己的情緒。一旦出現憤怒、焦慮或心情低落，我們會覺得不自在——但我們很難表達正面的情緒，譬如開心、幸福、愛。

傳統看法認爲：喜怒哀樂都不要壓抑。

本書認爲：播放勝利情緒，建立一支勝利團隊。

生理基礎

情緒是動機的根本核心。耶魯大學心理系教授沙勒維（Peter Salovey）博士表示，我們的整個情緒系統的功用是在激勵自己、為種種思緒排出先後順序、為行動加注活力，讓我們能從事重要的事情。在情緒的技巧方面不足的人，可能會在行動、思考、處理重要事情等方面出現困難；他們也可能無法用自己的情緒來激勵別人。如果你一直無法完成某個計畫，請想一下：你對這項計畫的情緒能量是什麼？如果別人不跟你工作，思考一下你帶給他們的是什麼樣的情緒支持；我曾共事過的優秀人員給了我情緒上的「充電」。

情緒會推動與指引我們的行動，並為行動排出優先順序。許多人為了自我管理，因而把情緒擺在次要的位置；但情緒畢竟是人腦決定事情先後的重要方法。所以哪天你要依重要性來列出自己一天的待辦事項時，請記得把「強烈的正面情緒」列入。想像一位極優秀的業務經理，她就像一個很棒的啦啦隊隊長，在工作團隊中製造出高昂的正面情緒，讓團員願意赴湯蹈火，力求表現。這並不表示你得當一個時時沸騰的「情緒鍋」。傳奇的哈佛大學划槳隊教練帕克（Harry Parker），很少需要對他的隊員講什麼話，他是用一種沈默的情緒在傳達自己，外人會誤會，以為帕克像花崗岩那樣冷硬，但是你去跟他的隊員聊一聊，你會發現，只要帕克露出一點點讚許之意，隊員就願意跳進燃燒中的大火。

沙勒維教授是率先提出「情緒智力」（emotional intelligence）的人，他說：「情緒智力指的是你對情緒的認識有多少，包括對你自己的情緒和他人的情緒。」情緒智力高，表示你懂得管理情緒，懂得把情緒當作是有創意的複雜工具來解決問題。傳統觀念當中，對於怎麼樣讓人有智慧、如何開啓成功大門的看法太過狹隘，過於強調ＩＱ，而不重視對於自我和他人情緒的認識。打開你的情緒，學著播放你的情緒，你將能變得更聰明，也更成功。

對策

一、把情緒表達出來

「情緒播放」的意思是說，主動收拾你自己的情緒，並小心把情緒傳遞給你生命中重要的人，以開啓他們的情緒反應。當你讓別人覺得好過一些，別人也會讓你覺得好過。你是在「動員」能量。而能量往哪個方向流呢？如果你想的都只是「我要、我要、我要」，到頭來你會變得很慘。記得年輕時青澀的戀情嗎？你迫切想得到愛，但你的方式那麼怪異愚蠢，以致於只得到傷害。但如果你開始關心別人，你會得到能量與幸福……以及健康。正面回饋是一個強大的免疫系統製造器。

不要怕說「我喜歡你」　情緒播放非常簡單。傑洛（Joe Gerard）是金氏世界記錄中的最佳汽車銷售員。他可以每一天賣出五輛車。他保存一份記了所有顧客的通訊錄（人數一度高達兩萬人）。每個月他都會寄給客戶一張問候卡，卡片封面隨著季節或節慶而變，但內文從未改變，他永遠寫著相同的一句話：「我喜歡你。」亞歷桑納州立大學心理學教授席歐迪尼（Robert Cualdini）說：「讚美、拉近距離的言詞、表達喜歡的言詞，會帶來正面的回應。」他著有經典作品《影響力：說服的心理學》（*Influence: The Psychology of Persuasion*）。

訓練你的情緒　表達情緒真的很難，對此我會馬上承認。讓情緒像廣播一樣流瀉——聽起來簡單，但是許多人從小被教導成不能把情緒寫在臉上，假如你是老闆，那更難上加難。何必呢？即便你現在覺得自己不行，先裝一下，裝久了就行了！當你想重新調整心情時，試著運用演員的表演技巧。如果你想覺得開心，就做出開心的樣子；如果你想要感覺樂觀，就表現出樂觀。有紀律的表演與有紀律的思考是一樣的——它們是改變情緒的左右手，缺一不可。專業表演人所做的就是隨心所欲轉移情緒。LGE表演系統訓練中心的專家也是這樣訓練運動員：學習能把情緒移到特定方向的表演技巧。運動員學習移動臉部、肩膀及身體其他部位來獲取正確的回應。情緒是基礎的生理機能所造成的結果，你所感覺到的是諸如憤怒、恐懼等多種的神經和生理系統，而情緒性的演出能讓你改變你的情緒組合。當你需要感覺到某種反應時，就做出那一種反應，你就能發現你已經獲得了那項反應。在使用表演技巧時，你就可以操縱大腦中控制情緒反應的區域。

即使你覺得自己做不到，也要對自己說：「我可以。」肯定的態度有助於改變信仰系統，讓你在某個你以前覺得不喜歡、覺得不可能碰觸的領域演出。

運動心理學家羅赫說：「我們讓學員接受情緒鍛鍊，教導他們如何調節情緒，以此達到最佳狀態。我們幫他們建立技能或新的習慣反應，改變他們對某些事物的感覺的能力。」以知名的競速溜冰手簡森（Dan Jansen）爲例。他以前並不喜歡一千公尺。而羅赫把他訓練到愛溜、想溜；簡森每天會對自己說：「我愛極了溜一千公尺，」於是他贏得了比賽，並以此經驗寫了一本書《滿圓》（*Full Circle*）。信仰系統帶來恰當的情緒反映，造成絕佳的表現。

分享　我在CBS晚間新聞工作時，工作人員之間用一個簡單方法來對彼此敞開心房：建立一個「分享時刻」。早上上班前的十五分鐘，大家說一說個人私領域的事——爭吵、背叛、責罵、錯過。因爲大家太誠實了，使得這個時刻變成具有娛樂效果。我們的方法有點像是單人脫口秀，每個人輪流站起來發表，而且欲罷不能。因爲我們不是討論工作，所以不會有什麼風險，而且在建立了深厚的親密程度。分享是開始對話的一個好方法。找那些能令你開心、有正面心情的人，與他們分享。

減輕罪惡感　我十歲的兒子帶了一張滿江紅的成績單回家。他看起來滿臉愧疚。不過，我對兒子說：「你是個聰明的孩子，也是個好學生。我們一起來看看怎麼樣讓成績變好，好嗎？」不論是在工作上或家裡，正面的訊息都比罪惡感有力得多。助人與減輕罪惡感之間有關係：既然已經知道對方有罪惡感了，就不要再去加深它，拿它當交換籌碼。不要責罵，而要以體貼來回應，這樣做你會得到無盡的感激。

不要害怕伸出援手

古羅馬詩人維吉爾（Virgil）說：「跟隨專家。」誰都喜歡專家。有些聰明的人最不會忘記做的事就是讓別人知道他是專家——雖然說讓衆人都知道自己的長才不無自誇之嫌，但席歐迪尼教授說，這樣做是很有用處的。人們想知道專家的想法。所以你就展現你的能力吧。如果你在某項領域有背景、經驗或領有證書、獎座，就拿出來或告訴別人。曾有一所醫院無法讓中風病患好好做復建運動，後來醫院發現，當病人看到牆上掛有物理治療師的證書，證明他是個專家，病患就開始聽從治療師的指令做運動。

建立情感連結的最佳方法之一就是讓對方知道有你在，你願意而且有能力幫忙。光是這樣往往就能打破僵局。大方一點，別等別人開口要，你先伸出援手。這樣做是值得的。

二、不要出現「匹格馬力翁計畫」

你有沒有在你的伴侶、同事、職員身上發現你很受不了的個性？這會不會妨礙你追求生命中的目標？你是否曾在參加一場社交聚會後，以爲自己實在讓別人印象深刻，可是後來你的伴侶告訴你，你說了一長串不該說的話？你是否跟身邊的人有相處問題，希望他們能接受你有建設性的建議？或者，你是那個被人家建議的人，而很不能接受批評？你是否感覺別人對你的愛或感激不是因爲你這個人本身，而只是因爲你爲團隊、公司或家庭做的事？

如果你曾有上述的感覺，那不只是因爲「今天好倒楣」。你的不喜歡與不一樣，底下都有眞正的原因。如同我們在前一章裡學到的，心理學家確認，不同心理類型的人假如要一同工作可能會很痛苦，因爲每一個人都有自己感知世界及做決定的方式。可能就像一本講兩性關係的書書名所指的，「男人來自火星，女人來自金星」。萬一你的老闆來自冥王星，秘書來自水星，而你的孩子來自木星，那你可就眞的很難搞囉！

你怎麼應付呢？這種想要改造身邊人的企圖，其實就是作家蒙哥馬利所說的「匹格馬力翁效應」。由於人與人的差異是天生的，所以這類的企圖都會失敗。記得腦型學院的倪納傑說過：「類型分析與基因研究現在已得出了一致的意見，我們人個性中的某些部分是永久的、不可改變的。」所以，別再想去改變別人，而是開始去試著了解他們。試著去認識你身邊的人是什麼心理類型。讓你的同事、朋友和生意有往來的人做MBTI測驗吧！然後看看怎麼樣跟他們相處最好，然後再做情緒播放。

三、如果你說不出什麼好聽的話……

……那就什麼話都別說。從情緒播放的角度來看，如果你說不出什麼好事，如果你不是處在正面的情緒裡，那就不要「廣播」。這一項認知改變了我生活的方式。如果我情緒低落或心情很糟，我會試著躲開人群。如果我眞的對某個人做的某件事很生氣，我不會去找對方，而是等到我能說出較正面的話時再說。如果你眞的需要發洩，也不要把你的負面情緒直接對某個人發洩，而是讓對方知道你爲何心情不好，對方才不會有受攻擊的感覺。播放正面情緒時，需要正面的精神能量，此所以本書的第一篇對於帶來正面能量是如此重要。

四、建立一個「神經網路」

科學家很早就發現，不論電腦增加了多少記憶體，晶片多有威力，資料傳輸的速度變多快，一部電腦的能力都是有限的；不過，如果把很多部電腦連在一起，強大的力量就出現了。最好的例子就是網際網路，它的力量正是來自於連結。不論你有多聰明、工作得多認眞、多麼有動力，一個人能達成的東西畢竟有限。以我來說，過去我一直認為不論什麼事我都能獨當一面，只要有決心和動力。後來我發現了一個團隊的強大、驚人的力量。我稱「團隊」為「神經網路」，因為你要把自己的大腦跟隊上其他人的大腦一起連結。「神經網路」為我釋放出一種我所從未經歷的力量與滿足感。

情緒播放的目的在於傳遞正面情緒給他人，以激勵對方與你共事。我把情緒播放形容成是與他人的大腦做連結，並把他們的注意力集中到你想要和他們一起完成的事上面。相對的，當對方給予你情緒回饋時，你得到了動力與行動力。這叫做正面回饋迴路。你在他人身上灌進情緒能量，而對方也會給予你回饋。如果你的付出夠多，與你共事的人都感覺到了，你就能建立起你個人的神經網路。我有一個已過世的朋友鮑伯・史東，他建立了一個全國網路來加入他抗癌的努力。這個他稱為「水牛」的人際網路，變成赫赫有名的癌症支持團體，給予成千上萬的患者及家屬情感上的支持。鮑伯的壽命比任何科學家預估的都還來得長久。

神經網路的說法是有道理的。很多困難的運算問題已不再單單由一部超級電腦處理，而是由數百部電腦連結成一個網路，發揮強大的運算能力。同理，人腦也可以如此運作。你所建立的朋友網、同事網愈大，你的行動力及成功的機會也就愈大。再想想網際網路驚人的金融和資訊能力；想想看網際網路連結了全球多少人！這力量多驚人！第一台傳眞機問世時，它沒有多大價值；不過，每多出一台傳眞機，它整個傳眞網就多一分價值。看看病癒的患者；他們抓住了護士、醫生、技師的情感，在自己周圍建立了情緒支持系統。

情感支持對每一個人來說都非常重要，特別是在面臨創傷事件時更見其助益。人類關係之所以有意義，原因之一在於我們會從對方身上得到眞誠的支持；若得不到，我們便會往別處找尋。情感支持是選擇朋友、同事、配偶的一項重要特徵，但請注意自己表達的方式。請注意自己的「說話策略」。有的策略給人帶來好的感覺，有些則會讓別人感覺更糟。如果有人這麼說：「你男友走了也好，他眞的是個很怪的變態，他配不上你。」也許乍聽頗中聽，但事實上這段話帶有罵人的意味，因爲話中質疑了聽者的判斷力，當初怎麼會去跟一個變態約會？相反的，安慰性質的話可以是說：「你一定很難過。你們在一起那麼久了……告訴我發生了什麼事。」安慰策略鼓勵聽者說出感覺。

請練習去領受你自己的和別人的感覺。你可以玩一個「來演我」的遊戲。找一個你信任的人，告訴對方「你演我，我演你。」花個五分鐘，看看你能不能了解當對方是什麼感覺。

五、放棄控制

一樁大買賣泡湯了。你大聲求救，大罵你的小組讓你失敗，抱怨公司不夠支持——這樣子能讓你救回買賣嗎？門兒都沒有。我們都聽過這樣的壞老闆：

大聲責罵、把過錯推給別人、超級控制狂。我們也常常聽說，成功的管理者的原型都是惡老闆。惡老闆用的管理法在心理學上稱爲「外在控制心理學」。紐約市有名的兇女人赫姆絲莉（Leona Helmsley）以外在控制出名,而後來她因逃稅被捕入獄，沒有人爲她掉一滴眼淚。然而，我們很多人在遇到難題時，無形中也使用了這種外在控制心理法。

觀察你自己及同事在談話時是否有破壞性的外在控制言語，也就是批評、責怪、抱怨、威脅及懲罰性質的語言。譬如坤恩（Alfie Kohn）在其《用獎賞當懲罰》（*Punished by Rewards*）一書中所舉的例子：「如果你乖乖上床睡覺,我就給你蘋果吃。」在加州創辦了與自己名字同名機構的葛列瑟（William Glasser）醫學博士說：「外在控制心理法會損害人與人之間的關係，因爲所有人都是經由內在出現動機的，而且生來就會抗拒外加的動機。」外在控制心理法會引起關係破裂、離婚及事業失敗。許多人都不自覺在用著外在控制心理法。更糟的是，我們以爲要同時使用處罰與哄騙才能激發動機。那麼，還有什麼其他方法呢？葛列瑟博士提出了一個很好的方法：選擇理論。

六、讓別人有選擇的機會

選擇理論說，我們的行動力是受內在力量激發的，而不是來自臉紅脖子粗的大聲公老闆。葛列瑟博士對此的探討分別出現在以下著作中：《選擇理論》（*Choice Theory*）、《個人自由的新心理學》（*A New Psychology of Personal Freedom*），以及《選擇理論的語言》（*The Language of Choice Theory*）。葛列瑟博士指出，人的動機來自五種基本需求：一、生存；二、愛、歸屬感、連結；

三、對權力的需求；四、不受他人控制的自由；五、樂趣。

能滿足以上五種基本需求之一的溝通方式，不論是經由口頭語言或肢體語言，就會是有效的溝通。優秀的溝通者都是在提供這樣一個承諾：「如果你願意聽我的、站在我這邊，你將能更容易滿足你這五個需求。」

「選擇」也與健康有關。很多老闆說得也對，他們說：「我不會得胃潰瘍，我是把胃潰瘍送給別人。」那些得到潰瘍的可憐蛋怎麼辦？壓力感愈大的人，能控制的程度愈低。

你怎麼樣讓別人有選擇的機會呢？從頭開始。在一開始找別人來和你合作時，就要拋開外在控制性質的語言。如果你先說明你自己能做什麼，將會拉近對方與你的距離。比方說，在談論問題時，先說出你能做什麼，然後問對方「你能做什麼？」葛列瑟博士說：「我稱這個爲『解決的循環』，不用攻擊性言語，相反的你說『我會這麼做來解決這個問題，你呢，你會怎麼做？』一旦你懂得了選擇理論，每當你要與別人共同做選擇時，你就是在選擇與對方拉近距離。你所做的任何事必定要是能拉近距離的；不要選擇和對方拉遠距離。」

我在NBC新聞部工作，這是通用電器公司的一個部門，也是全球公認的優秀企業之一。我過去的幾個工作環境都把有創造力的緊張感奉爲圭臬。但是到了NBC之後，我從未聽到一句不和善的話，從未聽到任何人大聲說話、責罵、怪罪或批評。我必須承認，一開始我眞的很難適應，覺得自己「必須」要很善良。我和很多同業一樣，在事情出狀況的時候，我會批評、責怪或抱怨。慢慢的，我適應了這個新文化……而它大大改變了我的生活。藉由鼓勵別人和放棄外在控制，我發現，小組全體都參與的報導，比我獨力能做到的好太多，而且單憑我一個人也不可能辦到。NBC並不是特例。魯格大學的心理學教授路易斯（Michael Lewis）說了這麼一個故事：十年前，克萊斯勒汽車公司的生產線員工出現士氣低落的問題，當時的管理階層決定嘗試一個前衛的方法：他們給了員工更多控制權，結果員工變得比以前有衝勁；要設立新工廠時，也邀請員工參與設計。絕大多數的僱員表示，快樂的工作環境與不快樂的工作環境就差在這裡。現在他們對自己的生活有了更多的掌控權，也覺得比以前快樂。

七、進入對方的「優質世界」

假如你能進入對方的「優質世界」，而對方也處在你的「優質世界」裡，這時你們的合作情況最棒。「優質世界」（The Quality World）一詞出自管理大師戴明（William Edwards Deming），它指的是：每一個人大腦中應該都有所喜歡的人、事、地，這些人事地與相當程度的愉悅感有關。如果一個老師能進入孩子的優質世界，那個孩子就會在教師的班上盡全力求表現。你是你自己優質世界的守門人。如果某個人老是對你不好，你就會把他逐出你的優質世界。你把別人逐出你的優質世界後，他們就不再爲你存在，成了所謂的非實體。而若你的優質世界失去了某個人，譬如你所愛的人過世，那就是個令你痛心的損失。由於我們的優質世界是我們生活的核心，所以它也是選擇理論一個重要的觀念。你無法強迫自己進入別人的優質世界；洗腦是行不通的，但好的溝通可以奏效。

最能給自己機會進入別人優質世界的方法之一，是進行一場簡單的談話。很多人不懂，在一場對話中所溝通的不只是訊息而已，最重要的是在溝通心情。

我深深相信「先有感情，再做生意」這句話。拿個最簡單的例子來看好了。你坐在飛機上，想請隔壁的人放下窗板。你當然有你的理由要拉下窗板，因爲陽光讓你不舒服，而你想睡覺或是想看電影。但是這麼一個簡單的要求也可能會造成鄰座的不悅或甚至不答應。但是，如果你在一上飛機時就與鄰座建立起一種「我喜歡你」的情緒連結，我相信鄰座應該會很樂意答應你的要求。爲什麼我們都沒有這麼做呢？因爲太多人是在「中場」才開始做情緒連結。這意思是說，我們總是先在自己腦子裡開始對話，然後期待對方聽見、了解我們的每一個字。更糟的是，我們在對話之前就已經有好多情緒，以致於開口時的情緒是焦慮的，甚至帶有敵意。

以前，我和我兒子的溝通一直很困難，我總想帶領他們進到我古典音樂、競賽式運動及國際政治的優質世界。一直到我放棄了這些企圖，進入到兒子世界中的電動遊戲、玩具店、動作明星和週六晨間卡通後，我才眞正「打通了」。我走進書房，看見我十歲兒子正與我弟弟，他小叔建立情感。他們正在看一場棒球賽，討論著怎麼樣才能成爲超級打擊手。要是以前的我就會犯下這樣的錯誤：拖著不情願的孩子進入我的世界，而現在的我會放輕鬆，慢慢進入他們的世界。

八、展示正面的情緒：笑一個

密切注意自己的情緒展現。別忘了，笑容、皺眉等一切表情都是在傳遞訊息。情緒的展現，譬如臉部表情、身體姿態、聲音的聲調，都是在告訴我們「我們是不是安全的」，而人類天生就會對情緒展現有反應。

因此，笑一個吧。研究人員說，笑能夠讓你活得長壽而快樂。即使你並不快樂，還是勉強自己笑吧。研究顯示，在假裝笑的時候，眞的會開始覺得開心一些。假使你沒辦法假裝，請記得製造正面情緒會增加顴肌肉（微笑肌肉）的活動，這是在一名爲EMG的肌肉活動測試機器上所顯示出來的結果。負面情緒則會增進負責皺眉和驚訝反應的肌肉的反應。

九、用成功包圍自己

你有沒有注意過，在觀賞自己所支持的球隊打勝仗時的情緒有多激動嗎？我們都曾感受過間接的成功感。一個城市的主隊打贏比賽，全城在整個球季都顯得生氣蓬勃。在一個旺盛的多頭市場中，譬如紐約，整個城市可能經常感受到突然而來的成功。公司行號也是如此。通用公司培養出全世界最多的成功經理。成功的家庭培養出成功的兒女。看看莫札特、麻塞諸塞州的亞當斯家族和蓋茲家族——這些家庭的孩子間接體會到成功，因此離成功就近了一些。如果你是在活力十足的公司、學校或家庭裡，你就能體驗並且看到成功。但若你不是在這樣的環境裡，你就該把自己放在能夠感覺並體驗到成功的情境中。

眞正的放送

我在從事電視新聞工作的生涯裡，發現情緒廣播眞的非常有效；你眞的能以情感讓另一個人感應……情感就像廣播電波。聽衆和觀衆在聽電台和看電視時，享有換台的機會和自由。他們是在找某種風格與內容，那麼即使你的情緒頻率非常高昂，你還是會被人「關掉」。你要知道，不一樣的人用不一樣的方式在蒐集資料，而你也許必須對不同的人採取不同的情緒廣播方式。許多全國性電視台的新聞主播是ENTJ型的人，他們散發的是「思考」而非「感覺」，這對他們很有用，因爲他們的職業在性質上是不能太善良的！觀衆向他們索取的是事實，而不是情感被操弄的感覺。但是這樣的事實導向不容易惹人喜歡。至於歐普拉，她的成功是因爲她的技巧，以及她能和觀衆情緒連結的能力。

在工作及家庭生活中，每一個人都有機會讓別人記得「就是那個很棒的人」。如果我們今天就開始建立情感連結，就更能被別人記在心上。

5

相信自己在宇宙中的渺小

皮爾（Norman Vicent Peale）寫了一本《人生的光明面》（*The Power of Positive Thinking*），這本書是五十年前出版的，賣出了五百多萬本，而且到今天都還在書店架上。我發現皮氏這本書很了不起的一點是，它在幾十年前就推廣禱告的治療能力，科學研究到晚近才證實了這樣的觀察。現代的懷疑論者也許不在乎禱告，且對宗教持嘲諷態度。但是最尖端的科技已證實了靈性的驚人威力，更確認了禱告的力量。我不是要建議讀者把靈性、宗教和禱告拿來當作改善心情及增進正面思考的方法。宗教或靈性的衝動必須先跳脫原有的信念，而這不在本書的討論範圍。但是如果你有這樣的衝動，那麼，行出你的宗教或靈性信念會對你的生活大有幫助。

傳統看法認爲：宗教是給弱者和老人的東西。

本書認爲：跪下雙膝，得到成功！

生理基礎

科學性質的研究顯示，禱告對於健康有神奇的效果。美國國家健康研究院（NIHR）針對三百份刊載在科學期刊上的研究報告做了研究，發現百分之七十五的報告指出宗教和禱告對健康有正面效果。我也推薦你使用靈性來建立正面的思考及態度。請看下列的研究：

最早以禱告與健康關係做研究之一的是由布萊德（Randolph Byrd）博士所做的一個爭議性的研究。布萊德博士研究的是代禱（爲別人禱告）的益處。他的研究報告全名是「心臟病患照顧班爲人代禱的正面療效」。這個歷時十個月的研究在舊金山一家大型公立醫院進行。一半的病患是有人爲他禱告的，另一半則沒有；禱告的人並不知道他們爲誰禱告，而接受禱告的人也不知道是誰在幫他們禱告。研究結果發現，有人爲其禱告的病患比沒有人禱告的病患較少發生充血性心臟衰竭、肺炎，較少需要服用抗生素，也較少出現心跳停止的現象。雖然有科學家質疑布萊德的研究方法，並且指出沒有人爲其禱告的病患沒有被控制（因爲病患的家屬也可能爲他們禱告），但是布萊德的研究是一個里程碑——它開啓了一個重要的疑問。而後，陸續幾個研究持續顯示禱告對健康的益處。

一個針對三十名臀部骨折女性病患恢復情形的研究顯示，把上帝視爲力量及慰藉來源且參與宗教儀式的病患，出院後，比沒有宗教信仰的病患能走得更遠，也較少出現憂鬱症狀。

杜克大學宗教與靈性與健康研究中心主任寇寧（Harold G. Koenig）博士主持的一項研究，測量了一個宗教團體成員血液中的 interleukin-6 含量。血液中的 interleukin-6 含量高，通常代表免疫系統的減弱，而受測的宗教團體成員擁有低含量的 interleukin-6，代表他們的免疫系統較爲健康。

在另一項研究中，寇寧博士發現，宗教活動力高的老年人，血壓比少參加宗教活動的老年人低。「在至少每星期參與宗教儀式一次並禱告或研讀聖經至少一次的人當中，他們的舒張壓血壓超過九十——最可能罹患中風或心臟病發——的可能性，比不參與宗教活動的人低了百分之四十。」在另一個針對老年人的研究中，寇寧博士和拉森（David Larson）博士發現，每週至少參與宗教儀式一次的六十歲以上老人，住院機會比不常參加的人少了百分之五十六。

達特默思醫學院的一項研究顯示，在兩百三十二位接受非緊急心臟手術的病患中，宗教信仰非常虔誠的人，恢復的速度是沒有宗教信仰的人的三倍。存活的病患最一致的指標，便是自己表示他們的宗教信仰給了他們力量或慰藉；這當中，宗教信仰愈深，其保護效果愈強。三十七名說自己「非常虔誠」的病患中，沒有一個人死去。研究人員也發現，社交活躍度愈高的病患，存活率也愈高。宗教活動參與多的人，整體的幸福感與滿足感也較高。

所以，你的宗教信仰愈虔誠，你的情緒健康也就愈好。這聽來似乎違離一般認知。你有多少次聽到朋友抱怨，他們小時候的宗教教育多麼嚴苛，這樣的教養又是如何「毀了他們」。你也可能常聽到專家學者們說，獨斷的宗教教養環境或教條有損心理健康。但是新的研究顯示，唯有在人們放棄他們的宗教信仰時才會發生危害。請看下面一個由賓州大學做的大型長期研究的結果。

沙立曼教授把美國的宗教信仰分爲三類九個派別：

第一類，基本教義派：按字面意思解釋其教義經文，規範教徒的每日生活。沙立曼教授選出了三個顯示出宗教參與程度及影響很深的團體，包括：加爾文教派、伊斯蘭教、猶太正教。

第二類，溫和派：不再盲目接受信仰的團體，包括：天主教、保守猶太教、路德教、基督教衛理教派。

第三類，自由派：鼓勵個人發展、寬容、持懷疑態度。成員可自行決定自己對其他任何宗教教條的信仰程度。包括：猶太教改革派、唯一教派的基督教（認爲上帝只有一位並否認基督神性）。

「我們發現，愈是專制的宗教，愈能帶來希望和樂觀。針對佈道與禮拜儀式的問卷調查分析顯示，基本教義派的人明顯比溫和派的人樂觀，而溫和派的人又比自由派的人樂觀。愈常參與基本教義派宗教活動的人，愈少表示有情緒困擾的情形。」沙立曼教授說。他也提到：「宗教對日常生活的影響，以及宗教參與程度、宗教希望、宗教禮拜儀式對解釋風格的影響，似乎在在說明了基本教義作風對於樂觀主義的正面效果。」當然，宗教信仰比較虔誠的人，可能在沒有信教以前就天性就比較樂觀，但是宗教更增強了他們的樂觀。而我們在前面也看到了，正面的解釋風格有其不可思議的作用，它的效果跟藥物一樣好。

禱告爲什麼有效？

專家說，病患對禱告有反應，是因爲禱告提供了希望、安詳、一種應付的對策，以及整體的幸福感。靜坐冥想也算是某種形式的禱告，它能抵消煩人的思緒，同時降低心跳與呼吸，減慢腦波速率，並讓肌肉放鬆。

對某些人來說，禱告是從內在積極改造自己的方法。我訪問了蘇丹的伊斯蘭國家陣線領導人圖瑞比（Hasan Al Turabi）。在他看來，禱告是一種與上帝溝通的方法，也是一種提升自身的形式。他還說，禱告能實現你的願望，因爲禱告會改變你自己以及你與別人的互動方式。早晨的禱告能讓你計畫一天，中午的禱告讓你評估事情的進展，晚間的禱告則讓你反思一天的作爲，哪些做對，哪些做錯，以及明天你該如何讓自己做得更好。

今日美國一百三十所醫學院中，有五十所開授靈性與醫學的課程，而且這個數目還在增加。

國家療護研究院院長拉森博士說，在醫學上的死亡與瀕臨死亡上，靈性可以成爲至關重要的項目。拉森博士表示，百分之七十至七十五的重病病患接受「上帝的協助」，而其中有一半在對抗疾病的過程中轉變成有宗教信仰。而喬治華盛頓醫學院增進臨終者照顧中心的臨床研究主持人暨助理教授，身兼國家療護研究院教育局局長的普彩斯基（Christina Puchalski）博士，就她與臨終病患的接觸經驗指出，數字更大，有百分之八十至八十五之強。弗蘭克（Victor Frankl）博士在其經典著作《意義之探索》（*Men's Search for Meaning*）中寫道：「人不是被折磨摧毀。卻是被無意義的折磨所摧毀。」生病的人比健康的人更能從靈性中找到意義。想到死亡及等死這兩件事，病人的緊張和焦慮會戲劇性的大幅增加，而有宗教信仰的人對死亡的焦慮比較低，也有較多面對死亡的方法，並且能從教會中得到較多的社會支持。另外，由於一個人一生的醫療花費中有三分之一是花在生命的後期，因此靈性對健康的好處還能幫助降低醫療費用。

拉森博士說：「我覺得我們不該只看禱告和宗教信仰程度；我們也應該以更廣的視野來看靈性。」拉森博士所指的靈性，是你與某一個「超然存在體」的關係所給予你的人生意義與目標。這個超然存在體可以是一個聖人、上帝、神或其他的東西，譬如大自然、某種能力，或甚至是藝術。拉森博士說：「結構似乎對靈性有幫助，」也就是說，如果你和其他人一起在同一個信仰系統下進行靈性活動（譬如上教堂、猶太教堂或淸眞寺），你就似乎比較可能得到更大的健康益處。「我們應該先看靈性，再看宗教或精神的承諾，最後才是禱告在靈性或宗教承諾上面所扮演的角色。」

禱告是與超然存在體的溝通。這個溝通可以有兩種形式：與該超然存在體說話的禱告；或是沈思性的、傾聽式的靜坐。

對策

禱告原則

第一，要建立自己的靈性課程。選擇某一種信仰並不是醫學決定而是個人決定，然而的確有幾名醫生建議大家把靈性帶入生活裡。「我鼓勵一種包含下列項目的靈性課程，依序是禱告、讀經文、參與膜拜儀式、參與信仰團體。」這是馬修(Dale A. Matthews)博士所言，他著有《信仰因素》(*The Faith Factor*)，目前是喬治城醫學院醫學系教授。他的建議如下：

1. **禱告**：無法爲個人設計出某種特定方式，因爲禱告的內容是因人而異的，但是請試著每天禱告。
2. **閱讀經文**：不論信仰爲何，請每天都讀一些經文。
3. **參與膜拜儀式**：如果你有宗教信仰，請至少每週參與宗教儀式一次。
4. **參與信仰團體**：請加入某個團體，找一個你覺得舒服的地方。不論時機好壞，團體的成員都會互相鼓勵，彼此扶持。

我當然只是建議有宗教信仰的人開始禱告和參與崇拜儀式，如果你沒有宗教信仰，那就試試靜坐冥想。

如何靜坐

研究顯示，靜坐及其他帶來鬆弛反應的技巧對於下列病症有好處：經前症候群、焦慮、憂鬱症、心臟疾病、高血壓、慢性疼痛，以及頭痛。著有《鬆弛反應》（*The Relaxation Response*）、《超越鬆弛反應》（*Beyond the Relaxation Response*）、《無止盡的治療》（*Timeless Healing*）等書的哈佛醫學院醫學系副教授班森（Herbert Benson），向他的病患傳授獲得鬆弛反應的方法。鬆弛反應可以用幾種東西方的古老宗教的傳統（譬如天主教、猶太教、佛教、印度教）取得。全美各地都有醫師採用鬆弛反應來治療病患。普彩斯基醫生說：「頭痛患者特別能得到好的效果，尤其是因爲生活壓力大而引起的緊張型頭痛患者，靜坐幾乎能百分之百解除頭痛。有些偏頭痛患者用靜坐加上預防性藥品，效果也非常好。」普彩斯基醫生提供了以下原則：

1.選一個對你來說具有靈性的字詞（譬如愛、和平、光、唯一）。如果你有宗教信仰，就從你的宗教中選，譬如「基督」或「嗡姆」（印度教）。在基督教中，這叫做「集中禱告」（The Centering Prayer）。科羅拉多州聖班納迪克寺院的紀庭（Thomas Keating）神父，一九七五年與幾個人一同創立了「集中禱告運動」，以及一個叫「斂心默禱」的組織，幫助剛開始接觸對中禱告的人。「集中禱告」的概念，大體來自十四世紀一位不知名的英國神父所寫的書《未知之雲障》（*The Cloud of Unknowing*）。據傳，這位神父在教導一位學生默禱的時候叫學生「選一個字，簡單、單音節的字最好，譬如『神』或是『愛』，但那個字要對你有意義」。

2.找一個安靜的地方。選一張舒服的椅子，背樑挺直，腳不交叉，牢牢放在地上，閉上眼睛。如果你覺得坐在墊子上比較舒服，那就盤腿而坐，但腰桿兒一定要打直。

3.慢慢深呼吸，吸氣，吐氣，吸氣，吐氣。你吐氣時，可以默念也可以大聲唸出你所選的字。在整個靜坐過程中持續。把所有注意力集中在那個字上。當其他思緒閃過腦際時，不要去想，也不要讓它停留。把注意力拉回到那個字上，讓思緒自然消失。

4.靜坐時間結束，慢慢張開你的雙眼。

剛開始靜坐時，你會發現你的腦子好忙碌，各種思緒不斷湧現。不要擔心，讓那些思緒離開，把注意力集中在那個字上，你會發現你的心慢慢安靜下來。不要不耐煩。沈澱心靈是需要時間和練習的。剛開始每天練習五分鐘。不要設定鬧鐘，但可把鐘擺在一旁，以免你在中途打開眼睛想看時間。從五分鐘開始，慢慢增長到班森博士所建議的每天兩次，每次二十分鐘。

試著先靜坐一個月，再判斷你喜不喜歡。請記得，能夠靜坐幾個小時的人是做了很多年才做得到。著有《集中禱告》的聖喬瑟夫教堂神父潘尼頓（M. Basil Pennington），為我們解釋道，聖喬瑟夫教堂位於麻賽諸賽州的，屬於西多會派

（Cistercian），又稱特拉普派(Trappist)，是一個強調沈思苦修的修道院，所有僧侶一生的重點即在於禱告。僧侶在清晨三點以前起床做個人禱告，然後是團體誦詩讀經，而在八點開始工作之前還有許多默禱時間。僧侶們在一天當中也有幾回禱告時間，一天最後是晚間七點四十分合聚在教堂做結束禱告。八點各自回房休息，而許多人還會繼續禱告！特拉普派並不是唯一這麼做的團體。舊金山禪學中心的佛教研究部主任溫格（Michael Wenger）說，禪學中心的僧侶每天有幾段爲時三十到四十分鐘的靜坐時間，每個月有一天全天靜坐，每一年有一到兩次爲期五到七天的默思期，期間必須持守靜默戒，默不出聲地靜坐、行走、進食與工作。

「生活在嘈雜、過度活動的社會裡每一個人都需要一塊獨處的、無聲的綠洲。我們每天需要有一段時間與最深的自我相處，以追求與我們所做的其他任何事情得到平衡，並保有完整的人性。」紀庭神父如是說。

6

先創造一個感動你的故事

還記得小時候説過的故事嗎？我們陶醉在成功的幻象中，説自己以後要念哈佛，要加入足球隊，要買一台保時捷，帶最美的女生去參加畢業舞會……甚至……我將來長大要當總統。我們以想像力和志氣畫出了這樣的藍圖。然而，更高的滿足感來自於我們在生活當中就講述了自己的故事。我們小時候説的是幾個月或幾年後的短篇故事；現在，請把生命的速度快轉，到終點看一看；那些覺得自己的生命是一場加冕勝利的人，都有著很精彩的故事可以訴説。它不見得是個處處快樂的故事，但必須是個完整而充實的故事。

「故事」爲什麼這麼重要？哈佛大學教育研究所教授嘉納（Howard Gardner）在《領導思惟》（*Leading Minds*）一書中寫道：「領導者之所以能達到效果，主要是來自他們所講的故事。」看看任何一個偉大的領導者，不難發現他們都有一則故事可以講述。若想把我們的生活帶往成功的方向，我們就要計畫故事，擔任導演，並把自己所編織的故事「活」出來。

傳統看法認爲：頭銜很重要。

本書認爲：創造一則可以孕育成功的人生故事。

關於說故事

許多美國人不談偉大的成功本身，而是聽一則偉大的成功故事。成功通常並非驟然從天而降，而是長年慢慢累積成的。美國文化最重要的部分就見諸一個詞：「成功的故事」。從襤褸到致富，從默默無名、奮鬥多年終獲發掘，流亡異國多年終於在晚年獲頒諾貝爾獎——我們推崇那些白手起家最後功成名就的男男女女。但是，他們的成功並不因其頭銜、獎座或銀行存款而值得開心，卻是對於這趟人生之旅的賞析。

我曾與已故的科學家依莉恩（Trudy Elion）近身相處一個晚上，她是一位非常謙虛又認眞執著的生物化學家。她跟我說了她從一九四四年開始工作的故事。她研究的是核酸的新陳代謝，在華生和克里克發現了DNA的十年前，她就在懷疑有DNA這種東西，並懷疑其對病毒成長所可能扮演的重要角色。依莉恩發現可以用藥物來阻絕病毒中DNA的生長，而且不會傷害人體，結果，既安全又有效的抗病毒藥物就問世了。她的研究帶來了莫大的影響：抗瘧疾藥物、抗癌症藥物，以及一整個新領域的抗病毒藥物。而在她講述自己故事的時候，她隻字不提自己得了諾貝爾獎！她講的是她的旅程、她的工作，而更重要的是她的人生故事。獲頒瑞典國王致贈勳章當然令人心神嚮往，但那不是她愛說的故事。

最棒的成功策略是**想出一個故事，描述出你想要擁有的生活**，是那種當有人問「你是做什麼的」時，你迫不及待想說的故事。我採訪過一位育有八名孩子的母親。她說，她每週二要洗好多衣服，要在超級市場買山一般高的食物。而她的客廳就是她成功的證明：掛滿了她孩子從襁褓到戴結婚戒指的每一個階段的照片。她是那麼愛小孩，爲了能繼續撫養孩子，她甚至還領養了第九個孩子。她對生活有一種全然的滿足感。她不但是個好母親，她是個了不起的母親。但是你必須聽她的故事才能感受到她的成功，而不是聽頭銜：九個孩子的媽。

很多人不會花時間先畫下一幅「成功的藍圖」。我們的故事通常在不同的人生階段都會改變。小的時候，你的故事是生日時得到了玩具當禮物，然後是進了很棒的大學，然後是找到很棒的工作。但是，你必得先停下脚步，好好思考一下，你自己想要說出一則什麼樣的人生故事，這樣你才能把焦點和動機重新對焦，來達成這個故事。

接著，**你要「活出」你的故事**。想想看最有名、最令人滿意、最令人懷念的電影：《飄》、《鐵達尼號》、《獅子王》、《根》、《美麗人生》，這些都是生命的史詩……重要的是，每一部電影中的主角都體現了自己的故事。眞實生活中的領導人也是如此，譬如在二次大戰時提出馬歇爾計畫的馬歇爾將軍：「像馬歇爾這樣的領導人，不見得以長篇大論或諸多象徵符號來說自己的故事，反之，他們表達故事的方式是以自身的生活，以及親身作爲的示範來激勵他們的跟隨者……我認爲，領導人以兩種看似衝突的原則來發揮影響力：一是他們所傳達的訊息，二是他們具體表現出來的特質。」這是嘉納教授的描述。

最後，**你要知道你的聽衆是誰**。在高中時，你的聽衆或許是異性。進社會工作後，你應該要有一個可以說給同事聽的故事。再引述嘉納教授的話：「不論故事多麼精彩絕倫，沒有了熱切傾聽的聽衆，就不算是個故事；而平庸的故事即使講述得不精彩，但對於準備回應的聽衆來說，還是能達到某些效果。」不過，你應該以長遠的眼光來選擇你的聽衆，因爲說到底，你眞的在乎同學或鄰居怎麼想嗎？課業優秀一點或贏過鄰居王家，眞的有什麼那麼重要嗎？有些時候，人生難免出現不清楚的時刻。比方說，你的聽衆可能還沒準備好——歷史上有多少的作家、作曲家和有遠景的人是在死後很久才受到讚賞。你的終極目標就是要以你所做過的事來讓寫歷史的人驚豔。所以，就算你眞的是一個能預測自己必有作爲的天才，你還是可能無法在此刻、在身旁就找到你的聽衆。這表示你的動機必須出自內心。

在過去的世紀裡，你的聽衆人數可能有其限制，但是在今日的資訊時代裡，你可以在幾秒鐘之內就把訊息傳給幾百萬人，你也可以在短短時刻內說服別人或讓人望之卻步。一個不成功的陰謀理論家和一個總統，差別在於……比較多人願意相信總統的故事。

找出你內心的故事

你在描繪成功藍圖時，請往內心最深處尋找你未被滿足的需求。你必須找出你最深沈、最重要的需求或缺憾，然後把它們與那些能滿足你這些需求的人生故事做結合。你應該要問自己一個問題：「如果我的一生都用來滿足這些需求，我會有什麼樣的人生故事？」然後再問：「這故事和我的個性合不合？」如果你最深沈的需求是報復或破壞，要過這樣的生活或跟別人講述你的人生，應該不會讓你覺得太舒服。不論你的故事是什麼，有一點無可取代的部分就是努力。作家巴克利說：「不必執行的成功藍圖，我沒有聽說過。」

萬一你現在在做的事是你不希望出現在你故事中的事時，怎麼辦？這正是以你想要講述的人生故事來過生活的好處——如果你欺瞞、說謊或使用不正當的手段賺錢，而你不希望這些場景和動作在你的故事中出現，那你就別做這些事吧。李汶斯基醜聞案不但是錯誤的，還因爲那不是柯林頓想要對別人說的故事。下一次遇到誘惑時，想一想你希望自己的訃文上寫什麼。

活出人生故事的十個階段

一、建立動機

「行動誘因」是推動成功的引擎。引擎的發動「必須來自內在」，運動心理學家羅赫如此說。任何領域中最優秀的人，都「擁有」行動的誘因。我曾經當過溜冰隊的隨隊醫生，我只能用一個明顯的因素來形容奧運獎牌得主：他們「擁有」誘因，其他的隊員則需要往教練、父母親、情人身上找。令我印象最深刻的是柯許（Bill Koch），他得過奧運銀牌。他是我見過的最好問的運動員，總是想知道關於訓練的種種詳細科學。他的發問不是爲了引人注意，而是想要掌握資料，然後使來發展出他世界級的訓練計畫。

許多人，包括我在內，在閱讀、寫作、創造、訓練甚至工作時是來自一種錯誤的動力：基於對家庭或同事的責任，而不是出於自己心中的渴望。有些人努力工作是出於復仇心態或想要趕上鄰居。而唯有內在動機強烈的人，才能夠發展出想成爲世界第一的趨力。你愈熱情，所從事的活動就愈能滿足內在的動機。能滿足深刻需求的成功感覺最好。羅赫說：「父母親或教練可以幫助引擎的發動；導師能幫助你克服恐懼。」設法讓自己和非常積極的人在一起。積極是會傳染的。如果你看到身邊的人很積極，你也會受到影響。也設法讓身邊充滿鼓勵你的人。雖然說引擎要發自內在，但你還是需要外力來增強這個「點火」。

辛格（Robert Singer）博士是備受尊崇的運動心理學家，他認爲找出令你有滿足感的活動是很重要的。「你只有在從事某個能帶來滿足感的活動時，才能眞正把潛力發揮出來。你的目標要是能夠提升你自己的。當然，在許多時候，內在與外在的兩種動機都會運作。很多情況會製造出外在動機，譬如貧窮。想要擁有權力、名聲、金錢、受人肯定，是主要的外在動機力量。但是你應該從對於某一個活動的堅持當中找到樂趣與成就感。」

既然內在動機——來自內心的信仰系統——對人生的成功如此必要，且讓我們再進一步觀察。內在動機不是盲目的樂觀。樂觀的能量必須以「事情會好轉」爲基本信念——對許多人來說，這是指相信自己有能力改善自己和環境，或是相信自己的付出會對大家有好處。決斷力來自於對自己積極的對話，樂觀的人就常常這麼做。辛格博士說：「在運動或其他領域當中，高度實現者（high achievers）喜歡堅持『達成』這件事。他們喜歡完成事情時的滿足感。你可以發展這種感覺。相信你自己，相信你做得到並且一直持續。你必須永遠是『飢渴』的。這跟你知不知道自己有能力去完成必須做到的事情有關。根據經驗及對現今情況的了解，試著去了解自己可以做到什麼。」

蕾蒂夫榮譽校長威爾森說：「我們的研究重點是了解正面的結果，特別是與女性生活有關的——我們觀察了有過慘痛遭遇的男性及女性，找出是什麼原因幫助他們克服困境。執著與相信自己，給予了他們力量；他們會有一種與信仰有關的恢復能力。如果你沒有夠強的內在信仰，屏障就會顯得比較難以跨越。」

二、創造一個憧憬

光是把你希望過的人生化為文字故事還不夠，你必須把那則故事轉換成一個憧憬，讓它能激發你看到你的未來——你想要的，也應該得到的未來。許多人只看到自己或別人走過的路，只是在重複別人做過的事，只是對原本就會做的事情更加熟練。但是，偉大的憧憬會讓你大膽地把眼光望向未來。你應該要能從日常生活與工作中抬起頭來，從所謂的此時此地抬眼望向未來；這做起來比聽起來困難許多。拿飛行做例子。在萊特兄弟試飛第一架飛機或人類在月球上漫步以前，沒有既往經驗可以讓人做出如此的預測與憧憬，即使當時已有堅實的科學基礎。

生命的大贏家在看到真實情況前就已經「預見」那個狀況，然後再去活出那個時刻。全壘打王麥奎爾（Mark McGwire）在比賽前兩個鐘頭就先用畫面想像他要怎麼打擊。頂級的表演者、運動員或是經理，都會用畫面創造出行動計畫。他們能夠預測到未來會出現的焦慮、緊張、危險，以及不在預期中的開場和突破。現在有很多錄影帶或錄音帶能教導你如何用畫面思考。我發現，傍晚剛下班時躺一下，放一些好音樂，是開始用畫面思考的簡單方法。

三、建立信心

你必須相信自己，相信自己有能力，能堅持。這與你的自我認識有關。一般大眾把成功視為輸或贏，但若把注意力放在「表現」而不是只看結果，這時才會出現最棒的成功。我在引言說過：頂級的表演者不會說「我要做世界第一等」，他們說的是「今天我要盡我的全力」。在運動領域或是在人生中，很多人以輸贏來決定自己的價值，但這是沒有成效的。許多運動員在眞正比賽時表現不好，因爲他們關心的是「贏」，而不是做出自己最好的表現……你也可能落入同樣的情況。因此，你要用「進步」來定義你的自我價值。努力求進步，自己跟自己比。不斷問自己：「我這一次有沒有達到我該有的表現？怎麼樣能更進步？」根據過往經驗與當時情況，想辦法了解你能做到什麼。我所認識的成功電視人都把注意力放在「現在」做最好的工作，不去考慮升遷，但到後來他們發現自己已躍升到最高位置。別人要升你職位的時候，看的不是你贏或輸，純粹是看你的表現。勝利的眞正秘訣和喜悅在於享受那個努力的過程，那一場「演出」。

四、膽子放大

「有膽就贏」這句話，是英國菁英突擊隊SAS特種航空隊的格言。獲得大勝利的人，對於「行動」有強烈的偏好。很多人都害怕挺身而出，這是很正常的心理，因爲沒有人喜歡受打擊、挫敗或大失敗。因此，你在大膽而爲時請做好心理準備：一旦踏出，你就是一個人，所以請確定你是對的，你也準備好了搏手一戰，而你有戰友和彈藥——你當然可以孤軍奮戰，但是一個人的力量絕對及不上一個團隊的千分之一。

一旦你建立了憧憬、觀測過戰場、做好十全準備、組織了團隊、也選好了戰友，那就迎戰吧！膽子放大。不管在任何領域，最大的進展的都像是突如其來的閃電；出乎意外，並且與傳統相衝突。然後，抓緊你的槍。只要你對於你所做的事懷抱堅強的信念，你就能抵擋批評、反對，甚至攻擊。

當你想要大膽而爲，請認識「單槍匹馬」與「群策群力」的不同。主張採用群策群力做法的榮譽校長威爾森說：「合作通常能得到比較紮實的結果。分工合作的方式，能夠有持久的力量，因爲想法受到比較多的測試、機會比較多、權力共享、了解也更深。但是這個方式需要時間……然而，現在的世界讓人沒有那麼多時間，所以才會偏好單槍匹馬的作風。一個既能單打獨鬥也能與人分工合作的領導人，最能夠應付今日的世界。」

五、解釋錯誤

高成就的人在描述他們自己的故事時，採取的是理性及客觀的方式。對他們來說，失敗一定有原因。你認爲自己被無法改變的力量擊倒——再沒有什麼比這個更能打擊你的士氣。當某件事出錯，就去找出哪些事情你可以改變，對自己說：「這只是暫時的挫敗，明天我就會勝利。」那些挺得住的、肯再嘗試的人，就是會成功。

六、堅持正直

正直是個性中最重要的部分。狄貝基博士告訴我：「如果沒有正直，等於什麼都沒有。我父母很是非分明。誠實就是正直。孩子不是一生出來就有責任感的。責任感是要用教的。」邁柯馬克對於正直與成功的藍圖是這麼說的：「我認爲人應該要守時、可靠、非常誠實，還要勤奮。」席爾伯博士說：「成功只有一個地方是個人可以掌控的，那就是道德與精神層面的成功。如果你父母對你有愛心，而你也還算健康，你就可以過得合乎道德。」

我深信品質是要慢慢增進的。你在這個增進品質的過程中，要檢視你的工作和人際關係，並評估你的道德原則是否一致。當你成功了，更要記得你必須正直，因爲若沒有了這項原則，你所努力的一切就可能出現瑕疵，甚至被摧毀。沒有了正直，在你成功時，你會感覺這似乎是騙來的，你的勝利也就膚淺得多。前ABC電視網總裁、現爲著名慈善基金會「拯救兒童」總裁的墨非說：「長期成功的最重要成分，是正直與能量的結合。正直代表完全的誠實、是團隊中的一員，而不折磨別人。你如果喜歡自己所做的事情，就會有能量。」

七、簡化你的故事

建構一個清楚的故事。見樹也見林。成功的領導人能化繁爲簡，把很複雜的訊息融成一個直截了當的故事，既讓自己信服，別人也可以接受。在一九三〇年代早期，很少人相信邱吉爾所說的「德國終將滅亡」，但是到了四〇年代，他成爲對抗納粹的靈魂人物。相反的，布希總統的波斯灣戰役有全世界當他的聽衆，但兩年後的總統選舉，美國民衆不買他的「經濟故事」。因爲到後來，成功是在於滿足內在需求，所以你最先要做到讓自己滿意；做到這個後，要確定你能清楚地、有力地把故事講給別人聽。想一想，如果有機會把故事說給孫兒們聽，他們是否能了解和鼓掌呢？你是否曾把複雜而混亂的情節轉變成清楚又優美的故事？

八、體現你的故事

嘉納說：「除了把故事講出來以外，領導人也具體表現出這些故事。」我們之所以不信任政客，是因爲他們嘴巴上說一套，但做的是另一套。把口說的故事與你實際生活的方式協調成一致，就能大大減輕生活的壓力。

九、口才要流利

幾乎所有的領導人都有這項特徵：「他們能言善辯，很多人的文筆也很流暢。他們不只是有一個光明的故事，他們還能夠把故事說得很動人。」嘉納教授如此寫道。你可以擁有你的生命故事，爲它加上色彩、氣概和勇氣，就能令你的故事栩栩如生，優美動人。

十、做一個英雄

我認爲，榮譽感和利他主義，是一則人生故事的最佳特色。

我有幸能因工作之便在這十年中記錄了許多醫生、救援工作人員及軍隊中的英雄事蹟，這包括了在盧旺達、科索沃的種族屠殺，在剛果、蘇丹、索馬利亞、科索沃及莫三比克的內戰，還有兩伊戰事。這些英雄所得到的滿足來自於完全放棄個人利益，勇於投入，拯救他人。每一個人在自己的生活中都有成爲英雄的方法，也有機會把生活變成一場英雄式的冒險。

每當我讀《紐約時報》的訃文時都會發現，好多人事業成功，身體也維持得好：他們往往比平均壽命多了好多歲。喬治亞大學心理系教授普恩指出，超過一百歲的人有一些共同的特徵；而新興的研究領域「快樂生理學」的專家發現，長壽者的特徵，與令人快樂的特徵有許多是相同的，例如：信仰、義工精神、社區參與、適應損失及改變、支持別人、有連結的關係、樂觀的外表、具有明確的生活目標……這些與成功的要件相同。

生命是一場戲劇性的美妙旅程，而我們在其中變得十分不同，也變得更好。

如果你在這旅程當中仔細思考與計畫，努力過活，具體展現你的故事，你就能達到豐美的成功，取得最美的幸福。

第三篇

工作手冊

葡萄糖、蛋白質與魚油脂肪酸成份表

以下是幾份食物營養成份的表格，請配合「步驟四」中講述碳水化合物，蛋白質與脂肪的單元一起閱讀。

一、碳水化合物

低葡萄糖碳水化合物

食物	葡萄糖指數	食物	葡萄糖指數	食物	葡萄糖指數
低脂無糖原味優酪乳	14	大豆	18	米麩	19
櫻桃	22	乾燥的豌豆	22	李子	24
大麥	25	葡萄柚	25	皇帝豆	27
新鮮水蜜桃	28	乾燥的豆子	29	扁豆	29
黃色寬葉菜豆湯	29	綠豆	30	黑豆	30
乾杏	31	奶油豆	31	冷凍小利馬豆	32
脫脂牛奶	32	黃色剝莢豌豆瓣，煮過	32	黑麥米	34
蘋果	36	梨	36	全麥義大利麵條	37
番茄	38	墨西哥玉米餅	38	菜豆	39
玉米粥	40	豇豆	42	葡萄	43
柳橙	43	混合穀類	45		

中葡萄糖碳水化合物

食物	葡萄糖指數	食物	葡萄糖指數	食物	葡萄糖指數
通心粉，煮5分鐘	45	硬粒小麥扁麵條	46	乳糖	46
速食麵	47	水果麵包(小麥粉和乾果)	47	碾碎的乾小麥	48
豌豆	48	巧克力	49	黑麥籽	50
低脂冰淇淋	50	義式餃子，起司口味	50	地瓜	51
奇異果	52	香蕉	53	海綿蛋糕	54
蕎麥	54	白蕃薯	54	油炸馬鈴薯片	54
燕麥	55	茶點	55	罐裝綜合水果	55
芒果	55	硬粒小麥製義大利麵	55	甜玉米	55
無核小葡萄乾	56	白馬鈴薯	56	印度皮塔餅，白色	57
柳橙汁	57	糖漿濃稠的罐頭水蜜桃	58	越式細河粉	58
藍莓	59	糕點	59	高澱粉白米	59
消化餅乾	59	麥麩	60	披薩，起司口味	60

高葡萄糖碳水化合物

食物	葡萄糖指數	食物	葡萄糖指數	食物	葡萄糖指數
漢堡的麵包	61	冰淇淋	61	粗麵粉	64
葡萄乾	64	奶油甜酥餅	64	起士通心粉	64
甜菜	64	燕麥粒	65	黑麥麵粉	65
蒸粗麥粉	65	高纖維黑麥脆麵包	65	蔗糖	65
鳳梨	66	牛角麵包	67	小麥餅乾	67
芬達汽水	68	玉米粉	68	烤麵餅	69

無麵筋的小麥麵包	69	烤得很脆的薄土司	70	小麥餅乾	70
白馬鈴薯泥	70	脫水水果	70	粟	71
紅蘿蔔	71	白色培果	72	西瓜	72
蕪菁甘藍	72	爆米花	72	煮過的馬鈴薯泥	73
玉米脆片	73	蜂蜜	73	薯條	75
南瓜	75	甜甜圈	76	香草鬆餅	77
蠶豆	79	軟糖	80	泡芙薄脆餅乾	81
米製糕點	82	即食馬鈴薯	83	烤的馬鈴薯	85
米，白色、低糖	88	法國麵包	95	葡萄糖錠	102
麥芽糖	105				

◎以上摘自《美國臨床營養期刊》（American Journal of Clinical *Nutrition* 62, 1995），經同意轉載。

二、每日蛋白質攝取量最高限制

1. 先確定你的肢體活動量等級

第1級：活動量低，每天作少量的重量訓練或不超過四十分鐘的有氧運動。

第2級：長期健身，一週訓練四天。

第3級：很認真做有氧運動，每天訓練六十至九十分鐘。

第4級：正在進行一項鍛鍊大量肌肉計畫，預備每週至少鍛鍊四天。

第5級：專業運動員。

2. 確定你一天需要多少公克的蛋白質。

先在表格中找出你的活動量等級，然後再找到你的體重，對應的數字即為科學研究所建議的每日蛋白質攝取量的最高限度。

體重（磅／公斤）	活動量 第1級	第2級	第3級	第4級	第5級
100／45.5	36公克	55公克	59公克	77公克	91公克
110／50	40	60	65	85	100
120／54.5	44	65	71	93	109
130／59	47	71	77	100	118
140／63.5	51	76	83	108	127
150／68	55	82	89	116	136
160／72.5	58	87	95	124	145
170／77.5	62	93	100	131	155
180／82	65	98	106	139	164
190／86.5	69	104	112	147	173
200／91	73	109	118	155	182
210／95.5	76	115	124	162	191
220／100	80	120	130	170	200
230／104.5	84	125	136	178	209
240／109	87	131	142	185	218
250／113.5	91	136	148	193	227
260／118	95	142	154	201	236

低脂肪的蛋白質

食品	量	卡路里	蛋白質(g)	脂肪(g)	含醣量	非蛋白質的卡路里
脫脂優酪乳	一杯	195	12	0	0	0
蛋白質粉，大豆	兩大匙	80	18	0	0	0
蛋白質粉，雞蛋	兩大匙	100	24	0	0	0
蛋白	一大顆	16	3.4	0	0.6	2
格陵蘭比目魚	85公克	74	14.7	0.3	—	3
蛋白質粉，牛奶	兩大匙	110	25	0	1	4
雪蟹	85公克	84	18.3	0.6	—	5
石首魚	85公克	82	17.9	0.63	—	6
林鱈魚	85公克	87	19	0.64	—	6
太平洋鱈魚	85公克	82	17.8	0.67	—	6
海豚	85公克	87	19	0.69	—	6
梭子魚	85公克	88	19.3	0.69	—	6
鱈魚，烤過	85公克	89	19.4	0.7	0	6
鰻魚	85公克	85	18.5	0.7	—	6
金線魚	85公克	89	19.6	0.7	—	6
大比目魚	85公克	87	18.9	0.72	—	6
蚌，生的	85公克	105	17.1	0.76	—	7
蝦	85公克	88	16.8	0.76	—	7
鰹（鯧）	85公克	81	17.2	0.8	—	7

鯉	85公克	90	19.3	0.81	—	7
大西洋鯡	85公克	102	21.9	0.9	—	8
龍蝦	85公克	90	18.8	0.9	—	8
鮭科淡水魚	85公克	108	23.4	0.95	—	9
海豚魚片	85公克	108	23.4	0.95	—	9
藍蟹	85公克	74	12.8	0.97	—	9
刺蟹	85公克	86	17.4	0.97	—	9
狹鱈	85公克	92	19.4	0.98	—	9
黃鰭金槍魚	85公克	103	22	1.01	—	9
黑線鱈	85公克	92	19.4	1.02	—	9
大西洋鯖	85公克	85	17.7	1.06	—	10
龍蝦	85公克	89	18.7	1.06	—	10
夏威夷刺魚犮	85公克	94	19.3	1.1	—	10
蝦蛄	85公克	90	18.5	1.18	—	11
黃尾平口石首魚	85公克	91	18	1.19	—	11
虹鱒	85公克	93	19.1	1.22	—	11
鰈	85公克	100	20.5	1.34	—	12
大西洋胸刺鯛	85公克	91	18.5	1.4	—	13
淡菜（藍色）	85公克	112	20.6	1.51	—	14
鯔科	85公克	76	14.5	1.52	—	14
革平魚由	85公克	94	18.8	1.57	—	14
大西洋帶魚	85公克	94	18.6	1.63	—	15

酪魚	85公克	98	20.7	1.7	—	15
生蝸牛	85公克	106	20.3	1.73	—	16
脫脂鄉村起士	一杯	123	28	0.6	2.7	16
鱈魚	85公克	94	18.8	1.9	—	17
墨魚	85公克	75	14.4	1.9	—	17
太平洋竹莢魚	85公克	105	20.3	2	—	18
海鱒	85公克	97	18.4	2	—	18
白色鮪魚，罐頭	85公克	116	22.7	2.1	0	19
蠔	85公克	86	11.9	2.24	—	20
大眼鮪魚	85公克	110	20.8	2.29	—	21
干貝	85公克	81	9.45	2.3	—	21
長鰭鮪魚	85公克	96	17.5	2.31	—	21
旗魚	85公克	97	17.7	2.33	—	21
鮑魚	85公克	98	18.5	2.4	—	22
太平洋牡蠣	85公克	69	7.06	2.47	—	22
大西洋鱈魚	85公克	111	20.5	2.5	—	23
80%乳漿蛋白質	兩大匙	100	20	1.8	2	24
紅魚	85公克	105	18.9	2.73	—	25
烤雞胸肉，去皮	85公克	142	26.7	3.1	0	28
馬魚參	85公克	104	17.8	3.17	—	29
烤火雞胸肉，去皮	100公克	157	29.9	3.2	0	29
鯡魚，烤過	85公克	118	20.6	3.36	—	30

生的瘦鹿肉	85公克	107	17.9	3.4	|	30
紅鮭	85公克	116	19.9	3.45	|	31
魚旨科	85公克	99	16.9	3.5	|	32
大西洋鱸魚	85公克	103	17.6	3.6	|	32
鯡魚	85公克	104	16.7	3.61	|	32
海鯰魚	85公克	117	19.4	3.79	|	34
方頭魚科	85公克	121	19.8	4.01	|	36
湖鱒	85公克	116	18.2	4.26	|	38
埃氏沙鰩	85公克	130	21	4.51	|	41
豬腰間瘦肉，烤過	100公克	166	28.8	4.8	0	43
鮶屬	85公克	117	18.5	4.8	|	43
減脂起士	30公克	73	6	4.5	0.8	44
鰹	85公克	144	23.3	4.9	|	44
鰵魚	85公克	123	18.5	4.9	|	44
酵母	30公克	80	10.5	0.5	11	49
脫脂牛奶	一杯	86	8	0.2	11.9	49
鯰魚	85公克	127	17.8	5.6	|	50
牙鱈	85公克	134	19.1	5.86	|	53
雞蛋	一大顆	79	6.1	5.6	0.6	53
細鱗鮭	85公克	146	21.6	5.95	|	54
牛後腿肉，去脂，烤過	100公克	191	31.7	6.2	0	56
罐頭鮭魚	85公克	130	17.4	6.2	0	56

扁鯊	85公克	139	19.3	6.3	—	57
義大利白乾酪	30公克	80	7	6.1	0.6	57
油鯡	85公克	148	20.8	6.61	—	59
亞特蘭大鱈	85公克	126	14.7	7	—	63
梭子魚	85公克	140	18.5	7.2	—	65
提去奶油之酸乳	一杯	99	8	2.2	11.7	67
藍鰭鮪	85公克	177	25.3	7.6	—	68
巴馬乾酪	30公克	111	10	7.3	0.9	69
1%牛奶	一杯	102	8	2.4	12.2	70
Provolone起士	30公克	100	7	7.6	0.6	71
馬鮫	85公克	157	20.1	7.89	—	71
鰹	85公克	145	17.3	8.02	—	72
鄉村起士，2%脂肪	一杯	203	31.1	4.4	8.2	72
Gouda 起士	28公克	101	7	7.8	0.6	73
原味脫脂優酪乳	一杯	140	14	0.4	17.4	73
比目魚，烤	100公克	202	30	8.2	0	4
脫脂冷凍優酪乳	半杯	100	4	0.1	18.7	76
罐頭沙丁魚，浸於油中	85公克	168	21.3	8.56	—	77
太平洋鯡	85公克	158	18	9.04	—	81
刺鬃魚	85公克	164	18.5	9.47	—	85
銀鮭	85公克	180	20.1	10.44	—	94
原味低脂優酪乳	一杯	159	13	3.5	16	96

罐頭太平洋鮪魚，茄汁	85公克	208	24.6	11.46	—	103
比目魚	85公克	184	18.4	11.66	—	105
低脂冷凍優格	半杯	110	4	3.5	18.7	106
黑鱸	85公克	178	16.4	11.98	—	108
減脂義大利鄉村軟乳酪	半杯	171	14	9.8	6.4	114
香魚	85公克	197	16.9	13.77	—	124
鯊魚	85公克	197	16.9	13.77	—	124
鱈科魚類	85公克	195	16.4	13.88	—	125
大王馬鮫魚	85公克	205	18.6	13.89	—	125
巧克力牛奶，1%脂肪	一杯	158	8	2.5	26.1	127
鮭	85公克	195	13.4	15.3	—	138
牛絞肉，烤	100公克	274	30.3	16	0	144
低脂香草優酪乳	一杯	209	12	2.8	31.3	150
美國起士（片狀）	56公克	212	12.6	17.8	1	164
花生醬（不含顆粒）	兩匙	188	9	16	5.4	166
水果口味低脂優格	一杯	227	10	2.6	42.3	193
麥香堡	一個	570	24.6	35	39.2	472

魚類及魚油中所含有的Omega-3脂肪酸

（資料來源：美國農業部）

魚油/魚	Omega-3脂肪酸（EPA）	Omega-3脂肪酸（DHA）	每一百公克所含的魚油
濃縮魚體油MaxEPATM	17.8	11.6	29.4
步魚油	12.7	7.9	20.6
鮭魚油	8.8	11.1	19.9
魚肝油（取自鱈肝）	9.0	9.5	18.5
鯡魚油	7.1	4.3	11.4
大西洋鯖	0.9	1.6	2.5
大王馬鮫魚	1	1.2	2.2
Muroaji竹筴魚	0.5	1.5	2.0
短體羽鰓鮐	0.9	1	1.9
黑腹烏鯊(白斑角鯊,日本角鯊	0.7	1.2	1.9
日本竹筴魚	0.5	1.3	1.8
太平洋鯡	1.0	0.7	1.7
大西洋鯡	0.7	0.9	1.6
湖鱒	0.5	1.1	1.6
藍鰭鮪	0.4	1.2	1.6
尖吻鱘	1.0	0.5	1.5
大西洋帶魚	0.7	0.7	1.4
鮭	0.8	0.6	1.4
歐洲鯷	0.5	0.9	1

鮪魚	0.3	1.0	1.3
油鯡	0.3	1.0	1.3
針魚/鱵魚	0.5	0.8	1.3
歐洲鰈魚	0.5	0.8	1.3
大西洋鮭	0.3	0.9	1.2
脂眼鯡	0.4	0.8	1.2
紅鮭	0.5	0.7	1.0
青魚	0.4	0.8	1.2
鯔魚	0.5	0.6	1.1
秋鮭	0.4	0.6	1.0
銀鮭	0.3	0.5	0.8
粉紅鮭	0.4	0.6	1.0
海螺	0.6	0.4	1.0
庸鰈	0.5	0.4	1.0
魚敏魚	0.2	0.6	0.8
彩虹香魚	0.3	0.4	0.7
鮶屬魚類	0.3	0.4	0.7
鰹	0.2	0.4	0.6
太平洋牡蠣	0.4	0.2	0.6
竹筴魚	0.3	0.3	0.6
旗魚	0.1	0.5	0.6
北極紅點鮭	0.1	0.5	0.6
大西洋狼魚尉	0.3	0.3	0.6

一般海螺	0.5	0	0.6
淡水石首魚	0.2	0.3	0.5
智利無鬚鱈	0.2	0.3	0.5
三尖齒異鯔	0.3	0.2	0.5
虹鱒	0.1	0.4	0.5
歐洲牡蠣	0.3	0.2	0.5
太平洋無鬚鱈	0.2	0.3	0.5
綠鱈	0.1	0.4	0.5
加那利魚敏魚	0.2	0.3	0.5
各類魚敏魚	0.2	0.3	0.5
各類鯊魚	0	0.5	0.5
各類鮪魚	0.1	0.4	0.5
日本對蝦	0.3	0.2	0.5
北方蝦	0.3	0.2	0.5
藍淡菜	0.2	0.3	0.5
溪流鱒魚	0.2	0.2	0.4
棕色杜父魚	0.2	0.2	0.4
湖青魚	0.1	0.3	0.4
太平洋鰈	0.1	0.3	0.4
鯉魚	0.2	0.1	0.3
歐洲鰻	0.1	0.1	0.2

貓頭鷹與雲雀問卷

想知道你是「晨間型」或「晚間型」的人嗎？請做以下這個測驗。知道了你是哪一型之後，回到「Q&A」那一章，看看如何針對你的類型做最妥善的運用。

問卷

（設計人：洪恩、歐茲堡）

說明

一、請仔細閱讀題目。

二、所有題目都必須作答。

三、依問題的順序作答，不要跳答。

四、每個題目應各自分別作答，不受其他問題影響。不要回頭檢查已回答的答案。

五、所有題目都是單選題，只能選一個答案。有些題目是要在刻度上作答，請選擇在箭頭左邊與其對應的號碼。

題目

1. 只考慮你自己本身的舒服程度，如果你能自由安排你的白天，你希望在幾點鐘醒來？

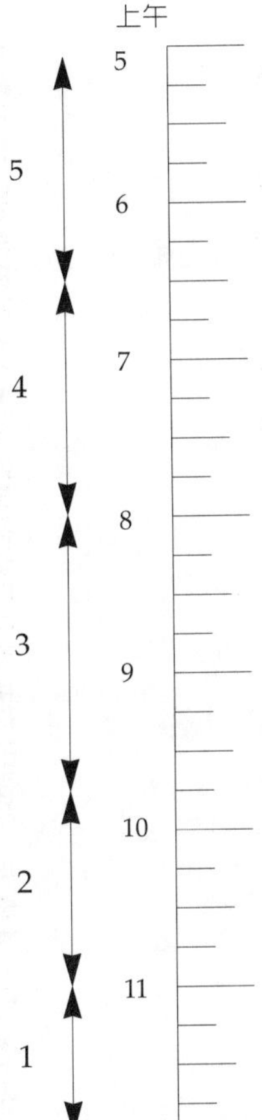

2.只考慮你自己本身的舒服程度，如果你能自由安排你的夜晚，你會在幾點鐘上床睡覺？

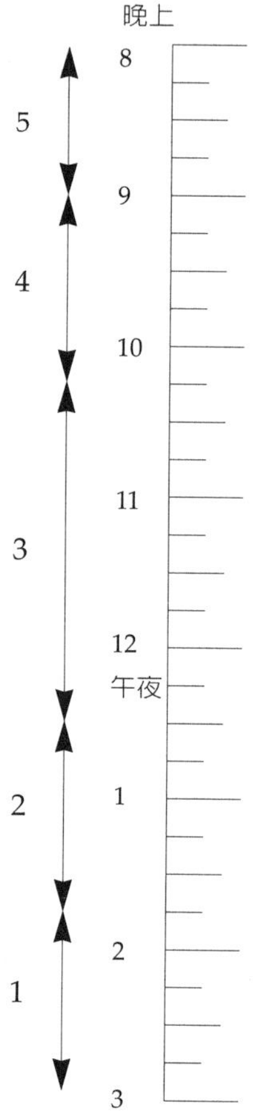

3.如果你必須在早晨某個時間醒來，你對於鬧鐘的依賴程度有多高？

完全不需要	4
有一點需要	3
相當依賴	2
非常依賴	1

4.在適當的環境因素下，你有多容易能在早晨起床？

非常困難	1
不太容易	2
還算容易	3
非常輕鬆	4

5.你在早晨醒來的半小時內的清醒程度如何？

很不清醒	1
有一點清醒	2
還算清醒	3
很清醒	4

6. 早上剛醒來的半個小時裡，你的食慾如何？

很差 1

頗差 2

還好 3

很好 4

7. 早上剛醒來的半個小時裡，你感覺有多累？

非常累 1

蠻累的 2

頗清爽 3

非常神清氣爽 4

8. 如果你明天沒有必須做的事或約會，與你平常睡覺的時間相較，你會屬於哪一種情況？

很少或幾乎不會比平常晚睡 4

比平常晚不超過半小時 3

比平常晚一到兩個小時 2

比平常晚兩個小時以上 1

9. 你決定開始做運動。有一個朋友建議你每週運動兩次，每次一小時。朋友最喜歡的運動時間是早晨七點到八點。就你本身感覺舒服的程度而言，你認為你在這段時間的表現狀況會是如何？

很好的狀況 4

狀況還可以 3

有困難 2

非常困難 1

10. 你在晚間何時會覺得疲倦、想睡覺？

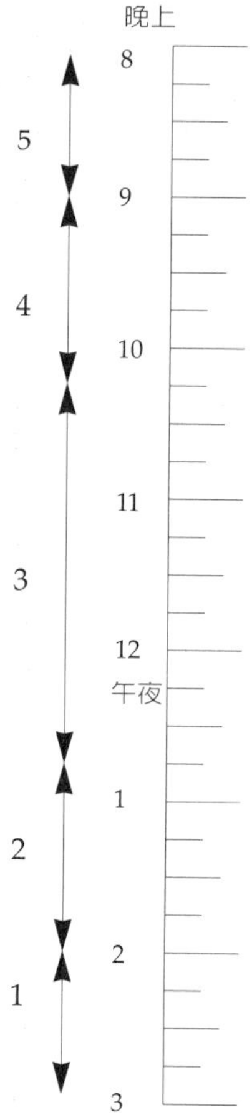

11. 你希望在一個會耗費大量腦力的考試上有最好的精神狀況。考試的時間為兩小時。只考慮你個人感覺舒服的程度，你會選擇下列哪一段應試時間？

上午八點到十點	6
上午十一點到下午一點	4
下午三點到五點	2
晚上七點到九點	0

12. 如果你在晚間十一點上床睡覺，你會感覺有多疲倦？

一點都不疲倦	0
稍微	2
頗疲倦	3
非常疲倦	5

13. 若干原因造成你比平常晚好幾個小時上床睡覺，但隔天你不必因任何事情而非在特定時間起床不可。以下哪一種是你最可能發生的情形？

會在平常時間起床，不會再睡著	4
會在平常時間起床，然後打瞌睡	3

會在平常時間起床，但會再去睡覺　2
會比平常時間晚起床　1

14. 你必須值班，時間是凌晨四點到六點。隔天你沒有必須要做的事情。以下哪一種情況最適合你？

會等到值勤完後才上床睡覺　1
會先睡一會兒，然後值勤後再睡　2
會先好好兒睡個覺，值過班後再小睡　3
會在值班前完成睡眠，之後不會再睡　4

15. 你必須做兩個鐘頭激烈的體力勞動。你可以自己計畫一天的活動行程，根據你自己感覺舒服的程度，你會選擇下列那個時段？

早上八點到十點　4
早上十一點到下午一點　3
下午三點到五點　2
晚上七點到九點　1

16. 你決定要參與激烈的體力活動。一個朋友建議你每週兩次，一次一個小時，朋友喜歡的時間是晚上十點到十一點。就你自己會感覺舒服的程度而言，你覺得你在這段時間的表現會是如何？

狀況會很好　1
狀況還可以　2
會有困難　3
相當困難　4

17.假設你可以選擇你的工作時間，一天工作五個小時（含休息），工作性質有趣，報酬由成果而定。你會選擇以下哪幾個連續的五個小時？

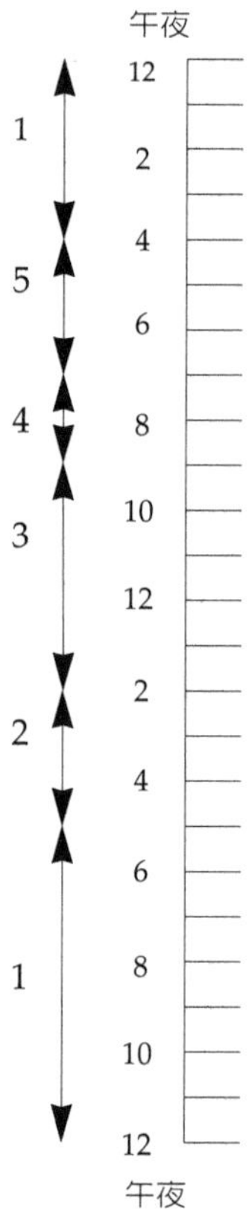

18.一天當中，你覺得自己在哪個時候達到感覺最好的高峰？

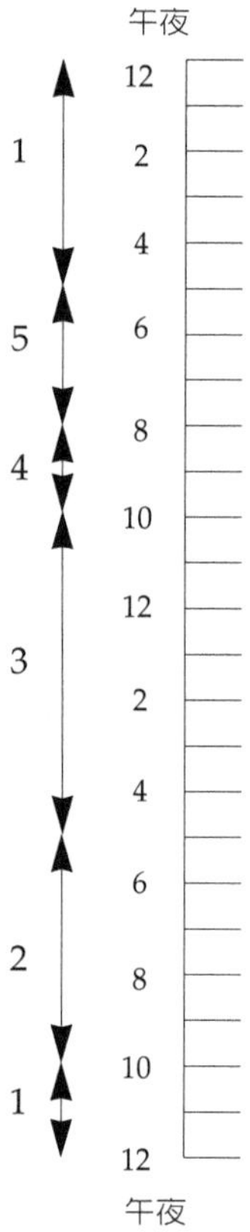

19.我們會聽說所謂早起型和晚起型的人，以下的四種類型，你認為自己是哪一種？

絕對是早起型	6
比較屬於早晨型	4
比較是晚間型	2
絕對是晚間型	2

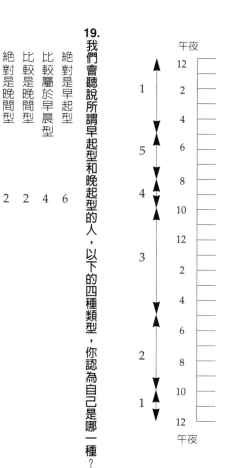

計分方式

・問題3至9、11至16，以及第19題，分數就在答案旁邊。
・問題1、2、10、18的分數就是下方的數字。
・問題17的計分是你所選擇時區的五個方格，最下邊的方格所對應的數字，就是你的分數。
・把所有分數加起來，就可判斷你是什麼型的人：

絕對是早晨型的人	70－86
中庸早晨型	59－69
兩種型都不是	42－58
中庸夜間型	31－41
絕對是夜間型的人	16－30

16種性格類型檔案

你在第215到218頁做了一項腦型測驗之後，得到了一組英文字母，這一組英文字母究竟代表什麼意思？加州腦型學院院長倪納傑特別為本書設計了「個性檔案」，分別描述每一種類型的特點。請先看完以下幾項概述，然後去找有關你類型的段落。每一種人格類型都有如下的介紹：

1.適合的行業：這一種類型的人最可能選擇的職業別。
2.工作上的特性：說明這一類型的天賦，以及他們希望的工作環境。
3.接近這類型人物的最佳方式：如果你要與某人產生關係，這些是你應該知道的事項。這一欄是「播放情緒」那一章的關鍵。
4.可能屬於這一類型的人：列出可能擁有這一類性格的名人。

這十六種類型可略分為「內向型」與「外向型」，以下分別敘述。

A、內向型

以下的八種腦型屬於內向型。

內向型的人最明顯的特徵是：能量的來源傾向於來自自己內心的想法、情緒或印象，而不是從他人或外界汲取。內向型的人是節約能量的人，最適用的形容詞是「比較少」，比方說，朋友比較少、計畫比較少。與人說話的時候，內向的人比較少看著對方，但是在聆聽時則不見得。

與內向型相關的還有以下這些形容詞和特質：

・內在世界
・自省的
・保存能量的
・內斂
・有防禦心
・私人的
・需要一段時間才會表達自己
・想得多
・聲音比較輕柔

ISFP 「技匠」

概觀：欣賞美與質感・藝術的・運動細胞發達・優雅・寡言，而且不善於言語表達・實際・敏感・謙虛・善良・富同情心・衝動而喜歡自由・服務導向・粗重的運動神經

1. 適合的行業：藝術家、舞者、運動員、樂手、攝影師、服裝設計師、照顧兒童、護士、動物照顧專家、神職、交通控制、建築工人、農夫

2. 在工作上的特性：

天生技能：內省的／思慮周密的、務實、有愛心、適應環境

希望的工作環境：平穩、實際、友善、有彈性

一般職業內容：藝術家、攝影師、提供照顧者、運動員

3. 對這類型的人最好採取以下的態度：懂得聆聽・不給壓力・腳踏實地・熱情・懂得讚美・有同情心・忠誠・懂得感激・包容

4.可能屬於這類型的人：流行歌手珍娜·傑克森、NBA知名教練麥可·強森、全壘打王麥奎爾、NBA球員史考第·皮朋。

ISFJ 「助理」

概觀：關心他人福祉·負責·內斂·耐心·實際·友善·井井有條·對於人追根究底·避免傷害·光明正大的·周到·忠誠·服務導向·粗重的運動神經

1.適合的行業：護士、社會服務、神職、秘書性質服務、教書（尤適合初級階段）、檢定性質工作、獸醫、物理治療

2.在工作上的特性：

- 天生技能：內省的／思慮周密的、務實、有愛心、有組織
- 希望的工作環境：平穩、實際、友善、有組織的
- 一般職業內容：助理、社工、護士

3.對這種類型的人最好採取以下的態度：懂得聆聽·不給壓力·外表整齊體面·熱情·有同理心·懂得讚美·忠誠／負責·懂得感激

4.可能屬於這類型的人：在公眾人物當中，除了職業運動員外，找不到這種類型的人。

ISTP 「運動員」

概觀：雙手靈巧，對於機器、工具很有一套·尋求刺激與動作·絕佳謀略者·把握時機·具運動細胞·好勝·機智但通常話不多；世故·永遠在思考·會因深沈信念而態度激烈·適應力強·細膩的運動神經

1.適合的行業：建設工程、機械、機器操作、競賽、航空、外科、雕刻、證券交易、金融、執法、刑事調查、機械與工具大師

2.在工作上的特性：

・天生技能：內省的／思慮周密的、實際、有邏輯的、適應力強

・希望的工作環境：安靜、實際、理性、有彈性

・一般職業內容：技匠、運動員、執法人員

3.對這種類型的人最好採取以下的態度：懂得聆聽、腳踏實地、對思想有興趣、不情緒化、有彈性

4.可能屬於這類型的人：NBA籃球高手喬丹、網球名將娜拉提諾娃、網球名將馬克安諾、舒瓦茲科夫將軍、拳擊手泰森

ISTJ「調查員」

概觀：擅長收集資料・對於找出眞相與建立秩序有克制不了的衝動・穩定・保守・可靠・內斂・邏輯感很強・吹毛求疵・有系統・吃苦耐勞・周密・本分・細膩的運動神經

1.適合的行業：法律、法律秘書、牙醫、銀行、會計、稅務稽查、財務規劃、保險、教學、教練、工程、電腦程式設計、物理科學、管理或監督、執法、軍隊、消防隊、耕種

2.在工作上的特性：

・天生技能：內省的／思慮周密的、實際、有邏輯、有組織

・希望的工作環境：安靜、實際、理性、有體制

·一般職業內容：調查員、查帳員

3.對這類型的人最好採取以下的態度：懂得聆聽、不給壓力、外表整潔光鮮、忠誠、負責、值得信任、懂得讚美、有堅決信念

4.可能屬於這類型的人：英國女皇伊莉莎白二世、高球名將尼可勞斯

INFP　「理想主義者」

概觀：深沈內在價值・理想主義的・浪漫但外表冷靜・通常寡言・具創意・傾向於避免衝突・敏感・能察覺別人的感受・奉獻・歡迎新想法・有彈性・對學習與寫作感興趣；作曲家・有語言天分

1.適合的行業：心理學精神病學、醫學、科學、教學（較喜歡高等教育）、顧問或輔導、宗教教育、神職與傳道工作、文學、藝術、音樂、作曲與寫作、寫詩

2.在工作上的特性：

·天生技能：內省的／思慮周密的、豐富想像力、有愛心、適應力強

·希望的工作環境：安靜、有創意、友善、有彈性

·一般職業內容：作曲家、詩人、顧問或輔導

3.對這類型的人最好採取以下的態度：懂得聆聽、不給壓力、和睦、熱情、懂得讚美、浪漫、忠誠、善體人意、懂得感激、包容

4.可能屬於這類型的人：泰瑞莎修女、歌手麥可・傑克森、史奴比漫畫家舒茲、藍調歌手詹姆斯・泰勒

INFJ「寫手」

概觀：可能是當作家的料・想像力豐富・光明正大・關心他人的需求與發展・富有同理心・喜歡充實內在生活・依照方法論行事・平靜的有力・諮詢者・有語言天分

1.適合的行業：心理學、精神病學、心理治療、輔導、神職、宗教教育、科學研究、醫學、新聞業、寫作編輯、教學

2.在工作上的特性：

・天生技能：內省的／思慮周密的、想像力豐富、有愛心、有組織

・希望的工作環境：平靜、有創意、友善、體制健全

・一般職業內容：作家、諮商、醫師

3.對這類型的人最好採取以下的態度：深思熟慮、熱情、懂得讚美、浪漫、忠誠、重視意義、利己利人

4.可能屬於這類型的人：名編輯威廉・非力普 (William Phillips)、運動經紀人雷・史坦柏 (Leigh Steinberg)

INTP「邏輯學家」

概觀：概念性邏輯大師・解決問題專家・科學的：渴求瞭解宇宙・設計邏輯性模型・追尋精確・內省的・適應力強・在理論性、哲學性科目上特別傑出・熟練於邏輯抽象事物。

1.適合的行業：數學、心理學、精神病學、醫學、尖端科技、大學教學、物理

學、科學研究、策略計畫、創意寫作、文學、音樂、藝術

2. 在工作上的特性：

・天生技能：內省的／思慮周密的、想像力豐富、有邏輯、適應力強
・希望的工作環境：平靜、有創意、競爭、有彈性
・一般職業內容：科學家／研究人員、哲學家

3. 對這類型的人最好採取以下的態度：深思熟慮、有彈性、對於深刻思想與意義感興趣、講道理、懷抱可能性

4. 可能屬於這類型的人：保育人士珍古德、達文西、愛因斯坦、披頭四的約翰・藍儂・史蒂芬・史匹柏

INTJ 「發明家」

概觀：點子執行家・建立理論系統・有自信・獨立・內斂・執著・講究概念；尋求知識・不畏權威・堅決・分析・固執・懷疑・有科學精神的・熟練於邏輯抽象事物

1. 適合的行業：工程、發明、電腦、法律、諮詢、管理、研究、醫學、科學(生命與物理)、語言、創業、商業分析，與人力資源有關的行業

2. 在工作上的特性：

・天生技能：內省的／思慮周密的、想像力豐富、有邏輯、有組織的
・希望的工作環境：平靜、創意、競爭、體系完整
・一般職業內容：發明家、工程師、律師、分析師

3.對這類型的人最好採取以下的態度：懂得聆聽、深思熟慮、重視意義；欣賞分析、邏輯、聰明；有堅決信念

4.可能屬於這類型的人：林肯、影星華倫‧比提、前美國總統卡特、英國的查爾斯王子

B、外向型

以下八種腦型屬於外向型。

外向型的人的活動力來自外界——環繞著他們的世界。他們喜歡從外在世界，譬如人、地方、活動、事情當中汲取能量。外向型的人是散發能量的人；用在外向型身上的形容詞是「很多」：很多朋友、很多計畫、很多事情同時進行。以下是關於外向型的人的特質與形容詞：

- 外在世界
- 積極
- 能量揮發
- 富表達力
- 精力旺盛
- 擴張的
- 公眾
- 大聲思考
- 聲音較大

ESFP 「娛樂者」

概觀：以表演來取悅他人・愛熱鬧，喜歡 party 似的氣氛・花費者，而非儲存者・富表達力・踏實・散發出溫暖與樂觀主義・衝動、喜歡發起事物・有節奏感、運動細胞・粗重的運動神經

1. 適合的行業：旅遊業、業務員、公關、宴會籌辦、表演藝術、運動員、護士、兒童照顧、化妝師、設計、交通運作、建設工程

2. 在工作上的特性：

・天生技能：精力充沛、實際、有愛心、適應力強

・希望的工作環境：積極、實際、友善、有彈性

・一般職業內容：調解人、娛樂者、旅遊經紀、促進者

3. 對這類型的人最好採取以下的態度：專注、踏實、熱情、懂得讚美、有同情心、多多擁抱、忠誠、喜愛好玩的事物、喜好生活、心存感謝、包容

4. 可能屬於這類型的人：拳王阿里、魔術強森、奧運金牌得主路易斯、貓王

ESFJ 「促成者」

概觀：好客・在乎事物的有用程度・精力充沛・實際・發展並培養關係・對讚美與批評敏感・光明正大・有秩序・友善的促成・商業頭腦・粗重的運動神經

1. 適合的行業：業務員、客戶關係、商業、住宅房屋仲介、監督者、秘書、教學（特別是初級教育）、特殊教育、神職、護理、心理學、社工。一般而言，必須與人接觸的職業

2.在工作上的特性：

・天生技能：精力充沛、實際、有愛心、有組織

・希望的工作環境：積極、實際、友善、體制完整

・一般職業內容：客戶服務代表、業務員、輔導員、促成者

3.對這類型的人最好採取以下的態度：注意力專注、外表整潔、熱情、懂得讚美、有同理心、敏感、擁抱、忠誠／負責、心存感謝、有現實感

4.可能屬於這類型的人：戴安娜王妃、美國奧運溜冰國手南西・凱瑞根、美鄉村歌手羅麗塔・琳

ESTJ 「監督者」

概觀：擅長組織、進行活動與有秩序的程序・實事求是・一致・有效率・精力充沛・實際・好批評・喜歡法治・重視傳統・商業爲主・細膩的運動神經

1.適合的行業：與金錢、事實、物體有關的行業，例如商業、管理、金融、銀行、貿易、會計、法律、家政、教學、學校行政、美容、秘書、執法、軍隊

2.在工作上的特性：

・天生技能：精力充沛、實際、邏輯感、有組織

・希望的工作環境：積極、實際、理性、體制完整

・一般職業內容：行政官、監督者、經理

3.對這類型的人最好採取以下的態度：專注、外表整潔、忠誠／負責、可信任、懂得感激、重視邏輯

4.可能屬於這類型的人：前美國總統福特、尼克森、美棒球投手諾藍·萊恩

ESTP 「機會主義者」

概觀：談判高手·能達成交易·老謀深算·冒險精神·適應力強·具說服力·精力充沛·追尋樂趣與刺激·有運動細胞·享受當下·實際·脾氣好·關心自我·在意自己的身體與衣著·創業家·談判者·促進者·細膩的運動神經

1.適合的行業：業務、房屋仲介、投資、創業、汽車銷售、技工、運動員、牙醫、建設工程、多層次行銷

2.在工作上的特性：

·天生技能：精力充沛、實際、理性、適應力強

·希望的工作環境：積極、實際、理性、有彈性

·一般職業內容：促成者、運動員、售貨人員

3.對這類型的人最好採取以下的態度：專注、觀察敏銳、寬容、有彈性、運用常識、享受人生／喜歡樂趣

4.可能屬於這類型的人：世界摔跤重量級冠軍霍根、企業家艾科卡、美國藝人雪兒、瑪丹娜、美國歌手蒂娜透納、阿諾史瓦辛格、席維斯史特龍、約翰韋恩

ENFP 「激勵高手」

概觀：精力非常充沛·熱誠·迷人·想像力豐富·即興的·看見事物的可能性·自然隨機·對重複容易感到無聊·喜歡解決他人的問題·催化劑·行銷者·有語言天分

1.適合的行業：業務、公關、創業、爲人服務、與健康相關的行業、音樂、表演及娛樂、舞台劇及電影劇本寫作、新聞、廣告、神職、諮商、心理學。（職業選擇範圍相當大）

2.在工作上的特性：

・天生技能：精力充沛、想像力豐富、有愛心、適應力強

・希望的工作環境：積極、具創意、友善、有彈性

・一般職業內容：激勵者、推銷員、音樂家

3.對這類型的人最好採取以下的態度：夢想家、和諧、熱情、懂得讚美、浪漫、忠誠、懂得感激、包容、尋求和諧與意義

4.可能屬於這類型的人：影星歌蒂韓、歌手惠妮休斯頓、鮑伯・霍柏、戴安娜羅絲、主持人歐普拉

ENFJ　「教育者」

概觀：教師／心靈導師・世故・具有表達力・有野心・催化劑・與人合作的・流暢的・想像力豐富・情緒化・有自己意見・對想法與可能性感興趣・尋求秩序・對於語言的掌握能力佳

1.適合的行業：教學、諮商、心理學、神職、新聞媒體、廣告、表演、寫作、攝影、與健康有關之行業、推銷、商業、教練

2.在工作上的特性：

・天生技能：精力充沛、想像力豐富、有愛心、有組織

・希望的工作環境：積極、具創意、友善、體制完整

・一般職業內容：教育者、溝通者、心靈導師

3.對這類型的人最好採取以下的態度：專注、熱情、懂得讚美、浪漫、忠誠、以目標爲主、重視意義、利己利人

4.可能屬於這類型的人：美國前總統布希、超級名模辛蒂・克勞馥、影星湯姆・克魯斯、葛拉翰牧師、賈桂琳甘乃迪、披頭四的保羅麥卡尼、影星茱莉亞・羅伯茲、「超人」克里斯多夫・李維、伊莉莎白泰勒

ENTP 「戰略家」

概觀：早熟的計畫者・想像力豐富・對可能性有警覺力・思考快速・喜歡複雜・電腦能力強・喜歡自己動手做・熱誠・直言無諱・藝術感・幽默・能控制別人・自然隨興・創業精神・熟練於邏輯抽象事物

1.適合的行業：電腦、戰略計畫、法律、政治、醫學、科學、商業管理、創業、喜劇、魔術、推銷、發明、冒險性質投資、藝術、音樂、學校行政、教學、語言、新聞、教練

2.在工作上的特性：

・天生技能：精力充沛、想像力豐富、邏輯感強、適應力強

・希望的工作環境：積極、具創意、有權能的、有彈性

・一般職業內容：演員、創業家、謀略家

3.對這類型的人最好採取以下的態度：專注、有彈性、能接受合理的可能性、對未來採正面看法、瞭解情緒、欣賞創造力

4.可能屬於這類型的人：邱吉爾、藝人琥碧・戈柏、美國諧星比爾・寇斯比、富蘭克林、比爾・蓋茲、芭芭拉・史翠珊

ENTJ　總裁

概觀：天生的總裁・推動・發號施令・能鞭策他人爲遙遠目標努力・有戰術・富表達力・具優秀辯士或演說家潛能・尋求目標與夢想・有政治手腕的・關心自我・有組織的・有邏輯抽象推理能力

1.適合的行業：在任何行業都可能取得卓越的驅力與智慧，但他們最大的滿足感係來自能運用抽象邏輯，同時領導他人、激發他人的工作。這類工作包括：法律、商業或工業管理、教育行政、政治、推銷、醫學、創業、財務計畫、銀行、神職、諮商、公開演說、寫作、機構主管、教練

2.在工作上的特性：

・天生技能：精力充沛、想像力豐富、邏輯感、有組織

・希望的工作環境：積極、具創意、有權能的、體制完整

・一般職業內容：總裁、政治家、律師

3.對這類型的人最好採取以下的態度：聆聽、看見可能性、欣賞智慧、有信念、目標導向、情感式的方式很可能不管用。

(這一型的人追求明確的見解，因此情感的連結少了許多，所以很多老闆讓人覺得是鐵石心腸的人。)

4.可能屬於這類型的人：艾森豪、約翰・甘乃迪、希拉蕊・柯林頓、馬丁路德二世、黛咪・摩爾、前美國總統雷根、柴契爾夫人、羅斯福

國家圖書館出版品預行編目資料

9+6／洛博・亞爾諾 (Robert Arnot) 著：陳婷譯
初版-- 臺北市：大塊文化，2001 [民 90]
面；　公分.（smile; 35)
譯自：The Biology of Success
ISBN 957-0316-54-3 (平裝)

1.生活指導　2.-成功法

177.2　　　　90000191

105 台北市南京東路四段25號11樓

廣 告 回 信
台灣北區郵政管理局登記證
北台字第10227號

大塊文化出版股份有限公司　收

地址：□□□______市／縣______鄉／鎮／市／區

______路／街______段______巷______弄______號______樓

姓名：

請沿虛線撕下後對折裝訂寄回，謝謝！

大塊 LOCUS 文化

編號：SM035　書名：9+6

大塊 LOCUS 文化

讀者回函卡

謝謝您購買這本書，爲了加強對您的服務，請您詳細塡寫本卡各欄，寄回大塊出版 (免附回郵) 即可不定期收到本公司最新的出版資訊。

姓名：________________________ **身分證字號**：________________________

住址：____

聯絡電話：(O)________________________ (H)________________________

出生日期：______年______月______日 E-mail: ________________________

學歷：1.□高中及高中以下 2.□專科與大學 3.□研究所以上

職業：1.□學生 2.□資訊業 3.□工 4.□商 5.□服務業 6.□軍警公教 7.□自由業及專業 8.□其他________

從何處得知本書：1.□逛書店 2.□報紙廣告 3.□雜誌廣告 4.□新聞報導 5.□親友介紹 6.□公車廣告 7.□廣播節目8.□書訊 9.□廣告信函 10.□其他____________

您購買過我們那些系列的書：

1.□Touch系列 2.□Mark系列 3.□Smile系列 4.□Catch系列
5.□PC Pink系列 6□tomorrow系列 7□sense系列

閱讀嗜好：

1.□財經 2.□企管 3.□心理 4.□勵志 5.□社會人文 6.□自然科學
7.□傳記 8.□音樂藝術 9.□文學 10.□保健 11.□漫畫 12.□其他____

對我們的建議：____

____

____